JN071218

保育に活かす
SDGs/ESD
Sustainable Development Goals　　　　　Education for Sustainable Development

－乳幼児の権利と参画のために－

著　者

藤崎亜由子　　藤井　修　　　島本一男　　　亀山秀郎

片山知子　　　吉津晶子　　　名須川知子　　西脇二葉

冨田久枝　　　山村けい子　　萩原元昭

かもがわ出版

はじめに

　SDGsという言葉は、誰もが聞いたことがあるでしょう。しかし、「保育との関係は？」と、疑問に思っているのではないでしょうか。

　SDGsとは、Sustainable Development、すなわち持続可能な社会をつくるための共通の目標をあらわしていますが、そこで、ESDとの関係も出てきます。つまり、この2つの用語の共通項は「SD」すなわち、Sustainable Development＝持続可能な開発、という意味です。これは、今の時代を維持するだけではなく、開発もしながら社会として持続可能性を意識していこう、そのための人類共有の目標をもっていこう、ということになります。

　ESDは、その持続可能な開発をするために必要な教育（Education）であるとされ、ESDの意味は、SDGsの目標に対する教育、というとらえ方が一般的になっています。

　ところで、Gsは、Goalsという目標の複数形です。そもそも目標とは、達成するための具体的な行動について用います。そこで、何を達成するのかということが重要になってきます。

　それは、人間が、この地球上に生きていくうえで、心地よく思いやりをもった温かい気持ちをお互いにもてるような、そのことを理念としているのではないでしょうか。長い人類の歴史の中で、生物として存在する私たちは住んでいる地域を決め、生きるために社会・文化的、そして経済的な「生活」を育み、営んできました。それは、各人がその土地の風土に見合った文化、社会を創り出し、経済活動を活発にし、自分の居心地の良さ、住みやすさを追求した結果です。生物体である人間が、その土地で生きるための当然の行動ですが、それが人間同士の衝突や地球環境への打撃によって変化し、気候変動が地球規模で起こり、新たな疫病が拡がっているのが現状です。

　現在私たちは、これまで経験したことのないような試練の中で、有効な手段も見つからず、これまでの社会を維持することさえ難しい状況にあります。災害や紛争によって最も大きな犠牲になるのは幼い子どもたちです。将来を担う子どもたちが、自分で自分の身を守ることさえままならない状況にあるからこそ、子どもを守る大人、特に保護者、保育者は、社会という制度の中で守られるべき子どものことを、まずは考えなければならないと言えましょう。

　では、そのために、私たちは保育の中でSDGsをどのように考えたらいいのでしょうか、その手掛かりとなるために、各執筆者は「今、ここ」で子どもを守るために私たちができ

ること、そして、すべきことを具体的に述べています。

　この本は、次のように構成されています。

　まず、「乳幼児期におけるSDGs/ESDをめぐる保育の動き」として、その言葉の意味や背景について、特に、世界OMEP（世界幼児教育・保育機構）が2019年に提示した"The OMEP ESD rating scale（2ed.）"「ESD教育指標」から、環境的、社会・文化的、経済的な3つの側面を紹介しています（1章）。教育指標はOMEP日本委員会のホームページで見ることができます。

　次に、ESDに関わる具体的な保育の実践事例を紹介します（2、3、4章）。さらに、自然災害の中での保育についてESDの観点から記述しています（5、6章）。

　また、ESD的な発想に関する保育の史的観点から述べています（7、8章）。

　最後に、現代の課題としての貧困・虐待（9章）、バングラデシュの事例（10章）、そして、「乳幼児期から地球市民としてSDGsやESDに参画できる保育」（11章）でまとめをしています。

　折しもこの4月から、わが国でも「こども家庭庁」が創設されます。子どもを真ん中において子どもの権利を守り、子ども自身の育ちを擁護するに相応しい保育・教育を考えていこうという制度であってほしいと切に望んでいます。持続可能な社会をつくりだす希望のもてる保育・子育て制度として機能してほしいという思いで、この時期に本書を世に出せることを幸いに思っています。

　本書を手にとられたみなさまお一人おひとりが、これからの保育と社会の方向性を考える契機としていただけることを心より願っております。

　　2023年（令和5）年4月

　　　　　　　　　　　　　　　　　　　　　　　　咲き誇る桜を眺めながら

　　　　　　　　　　　　　　　　　　　　　　　　　　　名須川 知 子

Contents

第1章

乳幼児期における
SDGs/ESDをめぐる保育の動き

藤 崎 亜由子

1　保育におけるSDGs/ESDとは

　近年、世界的にも異常気象が頻発し、深刻な気候変動が進行していることを実感している人は多いでしょう。産業革命時には8億人ほどだった世界人口は、今や80億人を突破するとともに、紛争や飢饉など解決しなければならない課題が山積しています。子どもたちの未来を守り、この地球を持続可能な世界にしていくためには、大きな変革が求められています。その目標の大きな旗印がSDGs（Sustainable Development Goals）です。正式には、『我々の世界を変革する：持続可能な開発のための2030アジェンダ』であり、17の目標と169のターゲットからなる持続可能な目標（SDGs）が掲げられ、国境を越え、文化を超え、世代を超え、持続可能な世界を目指した「変革（トランスフォーメーション）」への取り組みが始まっています。

　地球も人も経済も健やかに継続してゆけるように、一人ひとりの意識、そして社会の仕組みを変えていくためのありとあらゆる目標がSDGsには掲げられており、そのロゴや言葉自体はご存知の方も多いことでしょう。図1には、SDGsの17の目標の構造を理解する一つの例をあげておきます。「ウェディングケーキ型」とも言われますが、下から順に「生物圏（Biosphere）」が土台となって人間の「社会圏（Society）」そして「経済圏（Economy）」が成り立っていることを示しています。

　朝ご飯を食べて園に向かい、たくさん遊んで帰ったら夕ご飯を食べてお風呂に入り、絵本を読んでもらって寝るという子どもたちの日常も、ケーキを食べたり旅行をしたりというちょっとした贅沢も、熱が出たら病院で診てもらえるという安心感も、すべて社会が成

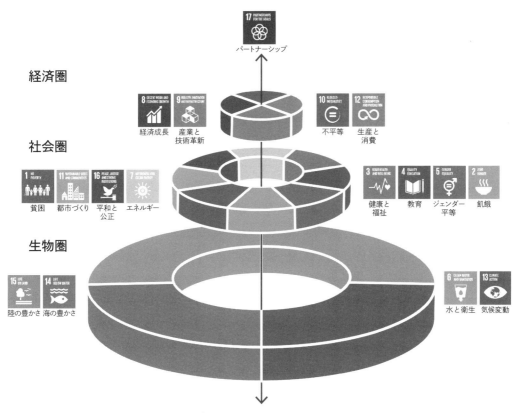

経済圏

社会圏

生物圏

図1　SDGsのウェディングケーキモデル（出典：Stockholm Resilience Centre, Stockholm University）

り立ち経済が回っているからこそ享受できる幸せです。また、その社会と経済は、「生物圏」の恩恵に支えられてこそ成り立っています。一方で、世界に目を向けると食糧危機に直面し、安全な水を飲むこともできず、教育はおろか医療的なケアをうけることもできない子どもたちもたくさんいます。人々の間での不平等を解決し、地球上の人と生きものが持続的に生きていくために、SDGsは「誰一人取り残さない」ことを誓っているのです。

　人類が幸せを求めて拡大し発展してきた営みが、地球に負荷をかけ、社会を圧迫し、経済を困窮させるという悪循環を断ち切るには、大量生産・大量消費の生き方をやめ、幸せの価値観を変えていくことが必要です。また、社会制度の改革や技術的な革新にも大きく期待したいところです。急速に変化する現代社会に対応するためには、困難な課題に立ち向かう力や、あたらしい価値や技術を創造し、他者と協力し合いながら課題を解決していく資質・能力が求められています。また、知識や技能だけでなく、忍耐強く取り組む力や想像力など、社会情動的スキルといわれる力の育成も求められています（OECD, 2015）。日本では、「知識及び技能」「思考力、判断力、表現力等」「学びに向かう力、人間性」という3本の柱でその資質・能力が整理され、幼児期およびそれ以後の教育を通して培うことが目指されています（文部科学省, 2017）。

現行の幼稚園教育要領（文部科学省, 2017）の前文には、「これからの幼稚園には、（中略）一人一人の幼児が、（中略）持続可能な社会の創り手となることができるようにするための基礎を培うことが求められる。」と示されています。未来を生きる子どもたちの資質・能力を育む教育としてESD (Education for Sustainable Development) が果たす役割は大きいといえるでしょう。SDGsとESDの関係を整理すると、SDGsには人類が直面する危機に対して解決しなければならないあらゆる課題が掲げられていることは前述した通りです。それらの解決に必要となる資質・能力を育むための教育がESDであり、SDGに掲げられた「目標」を実現するための「手段」ともいえるでしょう（資料1）。

資料1：我が国における「持続可能な開発のための教育 (ESD)」に関する実施計画（第2期国内実施計画）

「持続可能な開発のための教育」とは、人類が将来の世代にわたり恵み豊かな生活を確保できるよう、気候変動、生物多様性の喪失、資源の枯渇、貧困の拡大等、人類の開発活動に起因する現代社会における様々な問題を、各人が自らの問題として主体的に捉え、問題の根本的な要因等にも目を向け身近なところから取り組むことで、それらの問題の解決につながる新たな価値観や行動等の変容をもたらし、もって持続可能な社会を実現していくことを目指して行う学習・教育活動のことである。

　現在、世界的にも幼児期の教育の重要性が広く認識されるようになってきました。SDGsの目標4.2には、「2030年までに、すべての子どもが男女の区別なく、質の高い乳幼児の発達・ケア及び就学前教育にアクセスすることにより、初等教育を受ける準備が整うようにする」と明記され、ESDの基盤は乳幼児期にあることが示されています。しかし、幼児教育におけるESDは、まだ十分に理解が深まり実践が広がっているわけではありません。萩原（2020）は、イギリスやニュージーランド、スウェーデンなど各国におけるESDの先駆的な取り組みを紹介しつつも、幼児教育に携わる保育者や実践者がESDを保育に組み入れる理解力および受容力がまだ十分ではないことを指摘しています。また、日本ではESDというと、（狭い意味での）環境教育であると理解され、エコ活動などをイメージする人も多いことでしょう。あくまでも環境はESDの領域の一つであり、社会的な持続可能性と経済的な持続可能性も含めて包括的に進めていかなければならないことを確認しておきたいと思います。

　そんな中、OMEP世界委員会（Organisation Mondiale Pour L'Education Préscolaire：世界幼児教育・保育機構）は、世界的なプロジェクトとして、保育におけるESDの教育評価指標の作成を試みています。これは、保育者個人や園（施設）単位で自らの保育をESDの観点から評価し、次の実践を創っていくための手がかりを示すことを目的としています。教育評価指標では、「環境」「社会・文化」「経済」の3領域の持続可能性について、7段階で評価できるように作成されています。例えば、「環境」領域の下位項目「環境や自然の保護」では、「1. 園では、子どもたちが自然を大切にしたり、飼育したりする

機会がほとんどなく、緑をより多くする方法などについて話し合う機会が少ない」という段階から、「7. 子どもたちは、環境問題と自然の関係や自然の様々なリサイクルおよび、人々、自然、社会が相互にどのように影響しているのかを調べたり、日常的にプロジェクトに参画したりしている」という段階まで記述がなされ、具体的な行動レベルで推進状況を検討できるようになっています。そして、次にどのようなことに取り組んでいけばいいのか、自ずと改善の方向性が見えるようになっています。

　ここで確認しておきたい重要なことは、日本のこれまでの保育のかたちを大きく変えなければいけないわけではないということです。冨田ら（2018）でもすでに指摘しているように、日本の幼児教育は質的にも高く、その実践にはすでにESDへとつながる可能性を多分に秘めています。例えば、①遊びと生活を大切にした包括的（ホリスティック）な教育であること。②子どもを主体とし、環境を通した学びを大切にしていること。③戸外遊びや自然との触れ合いを重視した豊かな保育実践の蓄積があることなどは、ESDを目指す上でも大切にしたい基盤です。その上で、保育者自身がその価値に気づき、現代的な課題に基づいた明確なねらいをもった実践を紡いでいくことが求められているといえるでしょう。

　以下では、3側面、すなわち環境、社会・文化、経済の観点から保育の中でどのようにESDを実践できるのかを考えてみたいと思います。多種多様なSDGsのすべてを論じることはできませんので、いくつかに焦点を当てつつ議論を進めていきたいと思います。

2　保育と環境的な持続可能性について

　先述したように、地球にとって人類の発展はあまりにも急激な変化であり、人間の生き方を根本的に変えるしか対処のしようのない環境問題に直面しているともいえます。ノーベル化学賞受賞者のクルッツェン（2000）は、産業革命以後の人類の経済活動が地球環境に及ぼす影響の甚大さを表すものとして、『人新世（Anthropocene）』という新たな地質年代を提唱しているほどです。現在、不可逆的な変化が起き、以前の状態には戻れなくなる地点（ポイント・オブ・ノーリターン）へと至る道を進んでおり、私たちは、「この問題を解決できる最後の世代」ともいわれています。

　SDGsとの関係では、「環境」は、目標6「安全な水とトイレを世界中に」、目標13「気候変動に具体的な対策を」、目標14「海の豊かさを守ろう」、目標15「陸の豊かさも守ろう」が深く関連します（図1）。ちなみに、保育には5領域の一つして保育内容「環境」がありますが、その「環境」には人的環境、物的環境、自然環境、地域も含めた社会環境、す

なわち子どもを取り巻く身近な環世界すべてが含まれています。一方で、SDGsやESDで使用されている「環境」という言葉は、「子ども自身を含めた生物学的自然に焦点を当てた環境」という意味で理解したほうがわかりやすいでしょう（藤崎・廣瀬, 2022）。

　日本の保育は、身近な自然とのふれあいや戸外遊びを大切にしてきた歴史的経緯があります。現在では、「森のようちえん」などの枠組みも海外から取り入れつつ、より自然との関わりを重視した保育が志向されています。園庭を平らな運動場から起伏のある里山のようなわくわくする空間へと改造に取り組んでいる園もたくさんあります。身近な自然を保育に取り入れ、子どもと共に探求していく姿勢は、日本が大切にしてきた保育の営みであり、世界にも発信して行く価値のある保育の姿です。ですが、昭和時代の保育と令和の時代の保育とでは、何が同じで何が違うのでしょうか。井上・登美丘西こども園（2020）は、日本の保育は自然や生活を大切にし、環境教育につながりやすい実践を十分に行ってきたが、ラベルを貼り替えるだけで今まで通りの保育実践を幼児期の環境教育と呼び直すことは、本当に環境教育としての意味ある実践になるのだろうかと厳しくも重要な指摘を行っています。

　保育（教育）とは、ねらい（目標）をもった営みです。同じ自然体験でも何を「ねらい」にするかでその意義は全く変わってきます。よくご存じのように子どもたちは小さな園庭の生きものに興味を持ちます。ダンゴムシやテントウムシなどは子どもたちの格好の遊び相手です。そんな身近な園庭の住人たちとの遊びを通して、自然を守りたい、大切にしたいという気持ちを育むためには周りの大人の関わりがとても重要になってきます。決して知識として生態系の保全やいのちの大切さを教えこむわけではありませんが、いのちを慈しみ大切にしたいと思い、そのために何ができるのかを考えるような「環境観（環境に対する価値観）」を育てる視点が現代の保育には求められているのです。

　例えば、捕まえてきたメダカやバッタ、ザリガニを園で飼育することもあるでしょう。夏休み明けには旅先で捕まえたカブトムシなどを子どもたちが園に持ち寄って飼育することもあるでしょう。では、生きものがあふれかえり継続して飼育することが難しくなった場合、園ではどのように対処しているでしょうか？　子どもたちに「生命を大切にする」ことを伝えたいという思いから、野外に逃がすことは保育の現場ではよくあることではないでしょうか。

　SDGsの目標15「陸の豊かさも守ろう」には、生物多様性の保全や外来生物の侵入を防止することなどが含まれています。生物多様性（Biological Diversity）」とは、簡単にいうと、地球上の生物が種レベルでも遺伝子レベルでも多様であり、生態系が豊かであることを指しています。環境破壊は直接的に生物多様性を低下させますが、外来生物もまた、地域特有の生態系を壊滅させる危険があるとして問題となっています。外来生物とは

「本来の生息域ではない場所へ、意図的であるかどうかに関わらず、人間によって運ばれ、人の管理下を離れた生きもの」と定義されています（大阪市立自然史博物館, 2020）。また、国外から持ち込まれた生物だけでなく、国内の他の地域から持ち込まれた生物も含む概念なのです。例え同じ種の生きものであっても、地域ごとに遺伝的な組成が少しずつ異なり、それらが交雑することで、遺伝子の多様性が失われてしまうのです。

このような前提に立つと、他の地域で捕獲した生きものを逃がすという先述の行為は問題があることがわかるのではないでしょうか。生物多様性の保全について伝え、未来にわたって環境の持続可能性を追求することを保育の「ねらい」とするならば、捕まえた生きものは責任をもって最後まで飼育することの意味を伝えていくことこそが現代では求められているのではないでしょうか。

実際、園の先生方にきいてみると、「自然の中での活動を中心に保育している」「園庭だけでなく、園外（前山の自然環境）にも、頻繁にでて遊びを進めている」「地域の方から、季節の果物、植物、花や実などが届き、目に触れ、時にはいただく経験もある」など、自然との触れ合いを大切にした保育の伝統が脈々と継承されていることがわかります。その一方で、「生きものや昆虫の飼育はしているが、自然保護について話し合う機会はない」「ごみ分別やプラスチック製品の使用を控えるなどはしているが、それをすることでどうなるかまでは話せていない」など、環境や自然の保護について子どもたちと話し合ったり、その解決に向けた行動を起こしたりするという意識はまだ薄いことがわかります。

子どもたちと地球規模での気候変動や環境問題について話し合うのは難しそうという声もあるかもしれません。ですが、体験し実感し共に学べる機会は身近な園庭にも転がっています。例えば、オンブバッタというバッタは子どもたちにもよく知られ、多くの園に生息している身近な虫です。このバッタは見た目からはわかりにくいのですが、翅を広げてみると後ろ翅が赤いものがいます。それはアカハネオンブバッタという近年急速に広がっている外来生物です（在来のオンブバッタの後ろ翅は薄緑の透明です）。子どもたちと一緒に観察することで、人間の営みによって園庭の生きものたちの暮らしがかわっていくことが実感できるかもしれません。私も何十年と関わっている園で3年ほど前に初めて発見しました。それが2年もたたないうちに園のオンブバッタの8割を占めるようになり驚きました。自然体験とは、決して大自然の中の特別なイベントである必要はありません。園庭で繰り広げられる小さな生きものたちの営みに目を向けるだけで、そこに広がる多様かつダイナミックな姿に日々発見や驚きがあることでしょう。

園庭にはたくさんの生きものが暮らしています。枯葉の下にはミミズやシデムシ、菌類などの分解者がうごめいていますし、アリは園庭を歩き回り木の実や種、他の虫の死骸をせっせと巣に運んでいます。カラスやスズメ、ヒヨドリなどの鳥も飛来し、時には子ども

たちがつくった干し柿やお米を食べてしまいます。カやハエなど人間にとっては少し困った虫も含めて数百種（いや、もっといることでしょう）という小さな生きものたちが子どもたちの足元で命を支え合い、つながりあい、せめぎあって生きています。その存在に気付くと、彼らの世界に人間がお邪魔しているという方がしっくりくる気がします。ぜひ、人間とは異なるものたちの世界に視点を拡げ、その循環の中に自分たちもいることを実感し、小さな園庭から人間を超える世界とのつながりや地球の未来について想像してみてください。

3 保育と社会・文化的な持続可能性について

　人間社会の持続可能性は、環境的な持続可能性の上に成り立ち、SDGsの17の目標の中では八つの目標と関連付けられています（図1、社会圏）。これらの目標は一つひとつが独立しているわけではなく、相互に関連し合っていることはいうまでもありません。例えば、目標1「貧困をなくそう」と目標2「飢餓をゼロに」は、食料や水の確保といった自然環境の保全とも密接に関連しますし、人類の平和（土地や食料を巡って人は争いを続けてきました）とも直結する課題です。目標3「すべての人に健康と福祉を」についても、新型コロナウィルス感染症（COVID-19）の大流行を前に、国境を越えて世界中の人々が同じ課題をつきつけられました。「健康」という一見個人に帰すことができそうな問題も、実は社会全体の問題であり、国境を越えての協力が必要な課題なのです。

　日本に目を向けた場合、飢餓や貧困については過去のことだと考える人もいるかもしれません。確かに、生命の維持も困難な「絶対的貧困」は少ないといえますが、子どもの相対的貧困率は2018年時点で13.5％となっており、約7人に1人の子どもが該当しています（内閣府, 2018）。また、経済的な困窮と虐待の問題との関連も見逃せません（全国児童相談所長会, 2009）。さらに日本では、ひとり親家庭の相対的貧困率は高く約半数を占め、OECD（経済協力開発機構）加盟国中最も高くなっています（OECD, 2014）。ひとり親家庭は母子家庭が多く、ジェンダーの不平等とも関連する問題なのです。日本は、特に、「経済」及び「政治」における順位が低くなっており、政治家に女性が少ないことや、女性の平均所得の低さなどが問題となっています。

　以上のように、その一部を概観しただけでも、世界および日本の「社会」において解決していかなければならない課題は山積しています。では、日々の保育の中では、何ができるのでしょうか。ここでは、子どもの権利条約（日本は1994年批准）を取り上げつつ、平等な社会の担い手としての子どもを育てるということを考えたいと思います。子どもの

権利条約では、子どもを権利をもつ主体と位置づけ、大人と同様ひとりの人間として尊重することを定めています。子どもの意見をすべて聞き入れるということではなく、「子どもにとって何が一番良いか」という観点からその声を十分に聴くことが大切だとされています。幼稚園教育要領にも「幼児の主体的な活動を促し、幼児期にふさわしい生活が展開されるようにすること。」と幼児の主体性の尊重が示されており、日本において「子どもを主体とした教育」の意義は広く共有されているかと思います。資料2は、子どもたちが思いついたゆずの足湯をさまざまな人が協力して実現していく様子です。自分たちの言葉が皆を動かす力となっていくことを実感し、思いが実現していくとき子どもたちは生き生きとし、ほんとうに素敵な表情を見せてくれます。

資料2　ゆずをつかった足湯づくり（奈良女子大学附属幼稚園提供）

　　年中組の3人がゆずの実をもって給食室に集まり、足湯をつくろうと、「お湯ください」とお願いをしています。給食室ではさっそくお湯を沸かしはじめますが、さてお湯を何に溜めて足湯をつくろうかと話し合いが始まり、用務員のおじさんも加わって探し始めます。発泡スチロールの箱を2個ほど用意したのですが、それでは小さすぎてみんなが入れません。そこで、夏に水遊びに使っていた簡易プールを出してきてくれました。それをクラスの前のお庭まで協力して運ぶと、次はお湯をそこまでどのように運ぶかが問題となりました。「砂場のバケツがいいんじゃない？」「コップがあるよ」などと相談しつつ試してみた結果、給食室のやかんやバケツを借りて運ぶことになりました。熱いお湯なので危ないということで、子どもたちはまず水をプールに溜め、そこに用務員さんや給食室の職員、先生なども加わってお湯を運びます。子どもたちも続々集まり、保育室から椅子を運んで、プールの周りに置くと、あっという間に10人以上が座れる足湯ができました。ゆずを切り分け、お湯に入れるといい香りが立ち込めます。

　　子どもたちがいよいよお湯に足をつけ、ると「あったかいよー」「あー、ゆずのいいにおーい」と声があがります。足をばしゃばしゃしてみたり、「手あらってみよう」とゆずでごしごしこすってみたり。しばらくすると、一人が「足湯しませんか〜」と隣の組を呼びに行き、いつの間にか年少組の子も足湯の輪に加わっています。ゆずの実をいじっていた子が、「あ、たねや。せんせい、たねうえたらどうなるの？」と尋ねると、〈ゆずが　いーっぱい　できるんちゃう？　また足湯する？〉との先生の提案に、子どもたちは口々に「うん！　植えよう」と話が弾んでいきます。次の日には、足湯は園庭のどんぐり山の温泉へと発展し、紅く色づいたもみじの下、子どもたちは足湯を楽しみました。

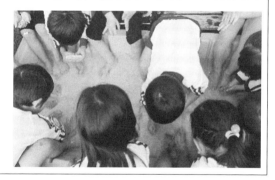

子どもたちは時には大人から見ると不合理なことを提案してくるかもしれません。足湯のお湯を運ぶ際もそうです。コップで運ぶという提案は気が遠くなる往復が必要となるものです。ですが、それを頭ごなしに否定するのではなく、試してみることを支え、気づくプロセスを体験することが大切です。大人の判断で「不適切だ」「不合理だ」と判断し、「本人のためだから」と勝手に決めてしまわずに、子どもたちの声に耳を傾ける大切さを感じ

ます。

　Samuelsson, & Kaga（2008）は、世界の多くの国が批准している子どもの権利条約は、持続可能な開発のための幼児教育を設計するための共通の基盤として機能することができると述べています。一人ひとりの子どもの権利を尊重し、ジェンダーや障害の有無、文化的背景や宗教、家庭経済的状況などによる不利益や差別のない社会参画を目指すことは、社会的包摂（ソーシャル・インクルージョン）とも呼ばれ、SDGs が大切にしている「誰一人取り残さない」という理念そのものです。現在、保育現場でも様々な取り組みが始まっています。例えば、名簿を男女別に分けることをやめたり、女の子はピンク、男の子はブルーといったステレオタイプ的な決めつけをやめたりすることもその第一歩です。お人形も多様な外見、服装のものを取り入れている園もあることでしょう。外国にルーツをもつ子どもたちが在籍する園では、その子たちが自国の文化や言葉について語ったり、表現する機会を保障する取り組みも始まっています。先ほどの足湯の例も、日本の温泉文化が土台にあるからこそ生まれてきた発想でしょう。

　外国につながる子どもの保育については、現行の幼稚園教育要領等に盛り込まれました。そこでは、「子どもの国籍や文化の違いを認め、互いに尊重する心を育てるようにすること」（保育所保育指針）、「海外から帰国した幼児や生活に必要な日本語の習得に困難のある幼児については、安心して自己を発揮できるよう配慮するなど個々の幼児の実態に応じ、指導内容や指導方法の工夫を組織的かつ計画的に行うものとする」（幼稚園教育要領および認定こども園教育・保育要領）とあります。家庭との関係については、「外国籍家庭など、特別な配慮を必要とする家庭の場合には、状況等に応じて個別の支援を行うよう努めること」（保育所保育指針、幼保連携型認定こども園教育・保育要領）と明記され、外国につながりのある子どもの保育に関する方針が示されています。今後外国につながる子どもたちが在籍する機会はますます増えていくでしょう。言葉や文化、宗教等の違いを尊重しつつ、保育の中でどのような支援が可能なのか、難しいとあきらめるのではなく、何ができるのかという視点から新しい保育の形を創っていくことが求められています。それはもちろん、外国のみならず日本国内での文化の多様性について尊重し合うことも含まれています。

　現場では、「保育の中で外国籍の子どもの文化や母語を大切にする取り組みはしている」「フランス語と日本語が両方話せる子だったので、普段は日本語を話していたが、フランス語でのあいさつや表現を教えてもらい、外国（フランス）に関心をもてるようにした」などの取り組みをしている園もあります。ですが、一歩進めて文化の多様性についてオープンな話し合いをしたり、ステレオタイプ的な表現について話し合ったりする機会はどうでしょうか。子どもたちの心の中に平等と多様性の価値観を育むためには、それについて

考えたり、話し合うような機会が必要です。また、地域社会の協力も得つつ、多様な文化に触れる機会をもつことも大切です。

インクルーシブ保育という視点では、障害のある子どもたちの保育についても触れる必要があります。幼稚園教育要領では、「障害のある幼児などへの指導に当たっては，集団の中で生活することを通して全体的な発達を促していくことに配慮し、特別支援学校などの助言又は援助を活用しつつ、個々の幼児の障害の状態などに応じた指導内容や指導方法の工夫を組織的かつ計画的に行うものとする。」と示されています。日本では、療育機関等の専門機関での支援と幼稚園・保育所等での支援という二つの流れでインクルーシブ保育が進められてきました。園によっては、園内に心理職の専門家が常駐するなど先駆的な取り組みを行っているところもありますが、現状は保護者の理解や協力のもと、療育センターや医療機関、児童発達支援事業所等の専門機関と連携をしつつ、保育の中での合理的配慮を行っているところが多いでしょう。

インクルーシブ保育は、障害のある子どものみを対象とするのではなく、先述したように性的マイノリティの子ども、外国にルーツのある子ども、虐待やヤングケアラーなど、社会的なマイノリティとして支援の手が行き届きにくい子どもを含めた包括的な支援を指すことばです。重要なことは、子どもたち（人間）は多様であるということを前提とすることでしょう。一人ひとりの性格や、考え方、思い、生い立ち、環境との関わりが見えてくるとき、そこには主流派などはおらず、多様な個性をもった子どもの姿が立ち現れてきます。インクルーシブ保育とは、多様な子どもたちを画一的なシステムに合わせることではなく、多様なままに子どもたちが尊重され、同時に支援が必要な場合は、個々の状況に応じて必要な支援が受けられるシステムをつくっていくことなのではないでしょうか。

「平等」については、時として全員が等しく同じように活動と場に参加することとの誤解もあります。保育の中では、この子だけ特別扱いをしてもよいのだろうか、みんなと違うことをしていることを許してもよいのだろうかと心が揺れることもあるでしょう。例えば、先生から離れずにずっと抱っこを求める子に対して、一人の子にずっとつきっきりでよいのだろうかと悩むかもしれません。ですが想像してみてください。きっとその子は先生との関わりを通して安心を得、一方でほかの子どもたちも、「きっと自分が必要とするときには先生はそれに応じてくれる」という安心感をもてることでしょう。必要な時に必要な支援を得られることこそが平等なのです。

ある園でみた光景です。年少の男の子がお帰りの会の時間に一人で年長組の部屋をのぞき込んでいました。そこへ先生が来たのでお部屋に連れていくのかと思いましたがそうはせず、一緒にお部屋をのぞき込みその子と話しをしていました。後から聞くと、その子は年長さんのお弁当がうらやましかったらしく、この日だけでなくいろんなクラスに出没す

る常連だそうです。そのことを「枠に沿えない子」「自分勝手なことをする子」とみるのではなく、その先生は「アンテナがすごいのよね。なんていうか、おもしろい遊びがあると、なんかいつもいるの。どうやってかぎ当てるのか。アンテナがぴぴっと働くんでしょうね」とほほ笑んで語ってくれました。その子の気持ちや思いを受け止め、温かく見守る保育があります。また、別の日には、年長の男の子が副園長先生と職員室の前で折り紙を折っていました。いつも制作や発表会練習などの一斉活動には入らないこともある子でしたが、折り紙が得意です。副園長先生に「難しいなぁ　どうするの？」と折り方を聞かれ、「しょうがない　おったろうか」とぶっきらぼうながらもうれしそうに教えています。とても複雑なドラゴンを見事に折る姿に、他の子どもや先生も集まり、その子の周りに人が寄ってきます。自分からは保育の枠組みに入りづらかったのですが、得意な折り紙を披露する機会を得たことで、他の子どもたちを惹きつける魅力的な活動が展開していきました。他の子と「一緒」を押し付けるのではなく、その子のよさを引き出すことで、友だちとの接点が広がった事例でした。

　障害のあるなしに関わらず、子どもたちの声に耳を傾け、一人ひとりのニーズに合わせた保育を創っていくことは、まさにインクルーシブ保育そのものです。国連の障害者権利委員会は、2022年9月「障害者権利条約」について日本の取り組みを審査し、日本の特別支援教育について分離状態が継続しているとの懸念を表明し、障害のある子とない子がともに学ぶ「インクルーシブ教育（保育）」をより推進するように勧告を行いました。定型発達の子どもを中心とした通常教育への参加を一方的に求める形だけの統合は「ダンピング（投げ込む）」につながりますし、必ずしもいつも同じ場で同じように教育を受けることがインクルーシブ教育ではありません。慎重な議論が必要ですが、重要なことは子どもとその保護者に、学ぶ場や機会の選択権があるかということです。国連の勧告を重く受け止め、必要な支援を受けつつ障害のある子もない子も地域で共に育つ社会の実現に向けて一歩前進することを願っています。

4　保育と経済的な持続可能性、公平性について

　経済的な持続可能性は、環境的な持続可能性、そして人間社会の持続可能性の上に成り立っています（図1、経済圏）。SDGsの17の目標の中では、目標8「働きがいも経済成長も」、目標9「産業と技術革新の基盤をつくろう」、目標10「人や国の不平等をなくそう」、目標12「つくる責任つかう責任」と関連が深い領域です。ここでは特に、目標10と12に焦点を当てつつ、公平性の問題について考えてみたいと思います。

先述したように、「持続可能な開発とは、将来の世代のニーズを満たしつつ、現在の世代のニーズをも満足させるような開発」です。つまり、今生きている世代と将来の世代との「世代間格差」を最小限にする努力が求められるといえるでしょう。また、環境破壊によって被害を受ける場合、すべての人間が平等に被害を受けるのではなく、弱者にその被害が集中するといわれています（大倉, 2022）。また、これまで地球の資源を思う存分使って発展を遂げてきた先進国と、発展途上国とに同じ二酸化炭素排出削減の努力を求めることに異論がでてくることは当然でしょう。それは、同じ時代を生きる私たちの「世代内格差」といえます。このような現状の中、公平性を実現する努力が求められています。

　現在、地球規模での「大量生産・大量消費・大量廃棄」の社会を変革しようと、環境省は「地域循環共生圏」を提唱しています（環境省, 2018）。「地域循環共生圏」とは、「各地域が美しい自然景観等の地域資源を最大限活用しながら自立・分散型の社会を形成しつつ、地域の特性に応じて資源を補完し支え合うことにより、地域の活力が最大限に発揮されることを目指す考え方」として紹介されています。まさに地域ごとのSDGsの実践（ローカルSDGs）を目指すものといえ、他の国や地域に負担を強いることなく自分たちの生活を成り立たせる仕組みともいえるでしょう。

　ここでは、保育と関連付けて経済的な持続可能性、公平性の問題についていくつか考えてみたいと思います。現在、リサイクル活動にとりくみ、Reduce（リデュース）、Reuse（リユース）、Recycle（リサイクル）を意識した生活を行っている園も多いと思います。水道の水を節約したり、節電に取り組んだり、太陽光発電を取り入れている園もあるでしょう。保育で使う紙やテープなどの材料も、資源として節約しながら切れ端まで大切に使ったりすることもあたりまえの日常になっていることでしょう。さらには、お泊り保育の際の料理の材料を地元の商店街に子どもたちと一緒に買いに行ったり、お金の使い方や仕組みを一緒に体験する活動を取り入れているところもあるかと思います。

　これらをより一層推進していくために必要となるのは、子どもたちの参画です。例えば、「もったいない」と節約を呼びかける時にも、それをなぜするのか、子どもたちと十分に話合う機会があるでしょうか。現場からの声でも、「ゴミの分別は行っているが、子どもたちが園のサイクル活動に参加することはない。子どもたちが参加できる活動を考えていく必要がある」「資源の分かち合いについて、大切さは伝えるが話し合いをすることは少ない」との話を聞きます。例えば、保育の領域「環境」には「日常生活の中で簡単な標識や文字などに関心をもつ」という項目がありますが、エコラベルについてその内容を話し合い、責任ある消費者になるための経済的な仕組みへの理解を育むことも園でできる取り組みの一つかもしれません。また、子どもたちと一緒に環境に配慮したおもちゃや教材を選んだり、新たなリサイクルのプロジェクトを立ち上げていくことも可能でしょう。子

どもたちとの対話を通して、彼らの考えや意思がより保育に反映されていくような仕組みづくりが求められています。その際、大切なのは子どもたちの声が届き、社会が変わっていくという実感を育むことではないでしょうか。すでに決まっている大人のルールは変えられない、何をいっても無駄だと感じさせることなく、自分にも選択し決められることがあること、社会に影響を及ぼす力を持っていることを子どもたちに伝えることがESDの大切な役割なのではないでしょうか。

　これまで、環境教育の中では、子どもたちの環境問題への関心をどのように「行動」へと結びつけられるのかがいつも課題となってきました（土井, 2010）。この点について、一つ示唆的な研究をご紹介したいと思います。安藤ら（2020）は、テレビなどのマスメディアからの情報と家族や友人などの身近な他者とのコミュニケーションを比較して、環境配慮行動への影響を調べました。その結果、友人や家族とのコミュニケーションの方がマスメディアの視聴よりも、より具体的行動へと結びつきやすいことがわかりました。つまり、マスメディアからの情報は知識を得るためには非常に重要な手段である一方で、それだけでは環境配慮行動を喚起するには不十分だというのです。むしろ、身近な人が環境配慮行動をしているのを見たり、そのことについて話し合ったりすることが人を行動へと導くのです。この研究結果から考えると、幼稚園や保育所等で保育者がESDに取り組み、その意義を子どもたちと話し合う環境づくりこそが、子どもたちの環境配慮行動を促すといえるでしょう。日常の風景の中で、保育者みずからが環境に配慮した行動を行うことが子どもたちの価値観を育み、行動を変えていく原動力になることでしょう。それはまた、子どもを通して、家庭へと輪が広がっていくことでしょう。

　広がりという点で考えると、園の中に閉じるのではなく地域と協働していくことも大切です。幼稚園教育要領等には、「地域との連携」について明記されており、「地域の自然、高齢者や異年齢の子供などを含む人材、行事や公共施設などの地域の資源を積極的に活用し、幼児が豊かな生活体験を得られるように工夫するものとする」ことが求められています。国立教育政策研究所（2014）も、幼児期からの環境教育のガイドブックの中で、「子どもは生活を通して学んでいるので、家庭での生活や地域の自然環境等をも視野に入れ、生活全体を環境教育の場として活用していくことが大切である」と述べています。上述した環境省の「地域循環共生圏」の概念でも、ローカルな視点で、企業や学校、家庭、福祉など多くの人々が協働しながらSDGsを達成していくことの大切さが描かれています。これは、SDGsの目標17「パートナーシップ」と結びつく課題であり、具体的な実践に根差しながら子どもたちも地域の一員として行動を起こしていくことが求められているといえるでしょう。

　関西のある園では、小さな畑で毎年稲の栽培が行われています。地域で農業を営む人の

協力を得て、稲の植え方を教えてもらい、子どもたちも一緒にかかしをつくり稲を育てます。秋に実ると一緒に収穫し、稲を干してから千歯扱き（せんばこき）で脱穀し、最後は瓶に入った稲を棒でつついたり、擂り粉木（すりこぎ）と野球ボールですりつぶしたりして籾殻（もみがら）を除去して玄米にしていきます。年によってはウンカなどの病害虫にやられてお米が全く実らない年もありますし、せっかく収穫したお米があっという間にスズメの大群に食べられてしまうということもありました。子どもたちも日々食べるお米がどのようにつくられ、どれだけ大変なことなのか、その苦労と喜びを知るよい機会にもなります。

　地産地消や食の安全が注目される中、じゃがいもやトマト、ピーマンなどを植えて収穫している園も多いでしょう。食育は日本では古くから展開されてきた魅力的な保育実践です。育てやすい作物をいくつか植えて、単なる水まき係だけを子どもたちにさせるお飾り型の参加ではなく、SDGsを見据えたESDとして展開するとき、そこには多くの学びがあります。ESDは地域に根差した体験型のプログラムであり、専門家との連携、保護者との連携など、人とのつながりのなかで実践を紡いでいくことが大切です。地球的視点に立ちつつも、ぜひ地域の特性を生かしたローカルかつ魅力的な実践を創造してみてください。

5　SDGs/ESDにおける子どもの参画

　以上では、保育の中で、SDGsをいかに実現できるのかをESDを手掛かりとしつつ、環境、社会・文化、経済の観点から概観しました。最後に、ESDの実践に欠かせない「子どもの参画」というテーマについて触れておきたいと思います。

　環境教育では、「in・about・for」という言葉がよく知られています。これは、もともとイギリス発祥の環境教育用語ですが、「in（～中で）」とは、環境（自然）の中で、環境を通して行う教育のことです。「about（～について）」は、環境についての教育で、知識や理解を深めることを目的にした活動であり、「for（～ための）」は、環境のための教育であり、自分には何ができるのか、何をしなければならないのかを考えて行動することです（Fien, 1993/2001）。この「in・about・for」を一体として進めていくには、子どもの参画が必要なのです。

　ハートは、「参画のはしご」モデルを提唱し、コミュニティや社会への参画を通じて自らの人生への参画を達成していく段階を図示しました（Hart, 1997/2000）。そこには8段階の参画の形が示されています。「1. 操り参画」から上段に向かって、「2. お飾り参画」

「3. 形だけの参画」「4. 子どもは仕事を割り当てられるが、情報は与えられている」「5. 子どもが大人から意見を求められ、情報を与えられる」「6. 大人がしかけ、子どもと一緒に決定する」「7. 子どもが主体的に取りかかり子どもが指揮する」「8. 子どもが主体的に取りかかり、大人と一緒に決定する」と記述され、1〜3の段階を「非参画」であると指摘しました。また、ハートは「はしごの上段にいくほど、子どもが主体的に関わる程度が大きいことを示す」と述べています。しかし、「子どもたちが必ずしもいつも彼らの能力を出し切った状態で活動すべきであるということを意味しているのではない」とし、複数のプロジェクトへの参加の段階は違っていてもよいと述べています。

　萩原（2020）も同様に、「参加型」と「参画型」の保育を比較し、ESDの推進にとっては「子どもの参画」が欠かせないと指摘しています。ESDへの幼児の参画は、単に話し合いの場に参加するだけでなく、「所属する集団における社会の構築・継続・改変へ一市民として参与する権利を含んでいる」のだといいます。先述したOMEPのESD教育評価指標でも、1〜7段階の最も高い7レベルでの取り組みには、子どもたちが地域の一員として「地域プロジェクトに参画している」ことが求められています。まさに「環境のための教育（for）」を、地域とともに作り出していく活動への参画が目指されているといえるでしょう。と同時に、この「参画」を生み出す実践の難しさを語る保育者が多いことが日本の現状でしょう。

　ハートの「参画のはしご」の一番上は、「8. 子どもが主体的に取り掛かり、大人と一緒に決定する」とあります。この「大人と一緒に決定する」ということが重要なのではないかと感じています。日本の保育においては、「子どもを主体に」ということは昔から大切にされてきた歴史的経緯があります。一方で、時に保育者が受動的になりすぎ、時には黒子のように環境を構成する存在になってしまっていないでしょうか。ESDの実現のためには、「保育者も一緒に決定する」、つまり保育者側も主体的に活動に参画していくことが求められているのです。これは、OECDのいう「共同主体性（co-agency）」の概念にもつながるものであり、持続可能な未来のために行動できるように、保育者自身が育つことが大切だといえるでしょう。

　SDGsの17の目標は、相互に密接にかかわっていることはすでに指摘しました。また一方では、対立構造を生むこともあります。例えば、気候変動対策のために大規模な植林をするときに外来の木々を植えてしまい、生物多様性を低下させてしまうことなどです。また、経済的な発展と生物多様性の保全は対立することも多く、残念ながら経済が優先されてしまうことも多々あります。さらには、現在、アフリカやロシアなど、世界各地では紛争が続き、平和なしにはすべての持続可能性が崩壊の危機にあることを痛感させられます。何を優先するべきか、私たちの価値観が問われています。

ドイツの児童文学者ケストナーは、『動物会議』の中でいつまでたっても戦争をやめない人間を見かねて、世界中の動物たちが「子どもたちのために、なにかしなくちゃ！」と奮闘する物語を描いています（Kästner, 1949/1954）。最後には、世界中の子どもたちを誘拐するという動物たちの強硬手段に政治家も折れ、子どもたちのために平和の取り決めを行います。保育者は子どもの傍らに在り、その声に耳を傾けることのできる喜びある仕事です。きっと、子どもたちのために、その持続可能な未来のために新しい保育を創る担い手となれるでしょう。あまりに過酷な現状を単に子どもたちに「押し付ける」のではなく、建設的で前向きに取り組める、楽しい実践が紡ぎだされることを期待しています。

引用文献

(1) Ando, K., Ohnuma, S., Hübner, G., Hui, L.D. (2020). Comparing the effect of personal communication and mass media on energy saving behaviors: Cross - Cultural Study in Japan China and Germany. Journal of Environmental Information Science, 2020(2), 19-30.

(2) Crutzen, P.J. (2002). Geology of mankind. Nature, 415,23.

(3) 土井美枝子 (2010)．環境問題についての意識と行動に関する比較研究：広島大学・復旦大学・マラヤ大学の学生に対する質問紙調査をもとに．環境教育，20 (2)，26-39.

(4) Fien. J, (2001)．『環境のための教育：批判的カリキュラム理論と環境教育』．石川聡子・石川寿敏・塩川哲雄・原子栄一郎・渡部智暁 (訳). 東信堂. (Fien, J. (1993). Education for the environment: Critical curriculum theorising and environmental education. Deakin University)

(5) 藤崎亜由子・廣瀬聡弥 (2022)．現代的課題を踏まえた保育内容「環境」の指導法：学生の虫嫌いを緩和し身近な自然と親しむ保育を目指して．次世代教員養成センター研究紀要 (奈良教育大学)，8，85-94.

(6) 萩原元昭 (2020)．子どもたちにとって今日なぜ ESD への参画が必要か．萩原元昭 (編著)『世界の ESD と乳幼児期からの参画：ファシリテーターとしての保育者の役割を探る』1 章，1-9, 北大路書房

(7) Hart, R. A. (2000).『子どもの参画：コミュニティづくりと身近な環境ケアへの参画のための理論と実際』木下 勇・田中治彦・南 博文 (監修)．IPA (子どもの遊ぶ権利のための国際協会) 日本支部 (翻訳)．萌文社. (Hart, R.A. 1997『Children's Participation: The theory and practice of involving young citizens in community development and environmental care』unicef (United Nations Children's Fund))

(8) 井上美智子・登美丘西こども園 (2020)．『持続可能な社会をめざす 0 歳からの保育：環境教育に取り組む実践研究のあゆみ』北大路書房

(9) 環境省 (2018). 地域循環共生圏の概要 (https://www.env.go.jp/seisaku/list/kyoseiken/index.html) (2022.9.20 閲覧)

(10) Kästner, E (1954).『どうぶつ会議』岩波の子どもの本．岩波書店. (Kästner, E. 1949. Die Konferenz der tiere. Eropa Verlag)

(11) 国立教育政策研究所 (2014).『環境教育指導資料：幼稚園・小学校編』教育課程研究センター

(12) 厚生労働省 (2017).『保育所保育指針』フレーベル館

(13) 文部科学省 (2017).『幼稚園教育要領』フレーベル館

(14) 内閣府・文部科学省・厚生労働省（2017）．『幼保連携型認定こども園教育・保育要領』フレーベル館

(15) 内閣府（2018）．『子供の貧困対策：子供を取り巻く現状と国の取組について』子どもの貧困対策担当

(16) OECD（2014）．Family database"Child poverty". (https://www.oecd.org/els/soc/CO_2_2_Child_Poverty.pdf) (2022.9.23 閲覧)

(17) OECD（2015）.『Skills for Social Progress: The Power of Social and Emotional skills』OECD Skills Studies, OECD Publishing. http://dc.doi.org/10.1787/9789264226159-en (2022.9.23 閲覧)

(18) 大倉 茂（2022）．パートナーシップで目標を達成しよう．阿部治・朝倉幸彦（編著）．日本環境教育学会（監修）．『知る・わかる・伝える SDGs Ⅳ：教育・パートナーシップ・ポストコロナ』第 2 章，53-71．学文社

(19) 大阪市立自然史博物館（2020）．『知るからはじめる外来生物：未来へつなぐ地域の自然』大阪市立自然史博物館

(20) Samuelsson, I.P., & Kaga, Y.(2008). The contribution of early childhood education to a sustainable society. UNESCO.

(21) 富田久枝・上垣内伸子・田爪宏二・吉川はる奈・片山知子・西脇二葉・名須川知子（著）（2018）．『持続可能な社会をつくる日本の保育：乳幼児期における ESD』かもがわ出版

(22) 全国児童相談所長会（2009）全国児童相談所における家庭支援への取り組み状況調査報告書．通巻 87 号別冊

(23) 持続可能な開発のための教育に関する関係省庁連絡会議（2021）．『我が国における「持続可能な開発のための教育（ESD）」に関する実施計画（第 2 期 ESD 国内実施計画）』

第2章

命を育み命と共に生きる保育実践と ESD〜蚕の飼育から学ぶ

藤井　修

1　自然の中で育む命

　保育園では、日々子どもたちが元気に活動することを願って保育が営まれています。さまざまな家庭からやって来る子どもたちが衣食住の習慣を身に着け、言葉を覚えていく場所であり、地域の人々や自然との密接なかかわりをもつ暮らしの場所です。

　本章では、保育所保育指針が保育の目標のひとつとして掲げる「生命、自然及び社会の事象についての興味や関心を育て、それらに対する豊かな心情や思考力の芽生えを培うこと」に関する保育の在り様について考えていきたいと思います。

　すでに3年を経過する新型コロナウイルスのパンデミックを経験して、私たちは人間の社会がこの地球の上で密接につながっていることを実感しています。また、地球環境がこのまま高温化していくと気象災害が頻発するだけでなく、将来の食料の確保すらままならないのではないかとの予測が示され、その原因を人間の産業革命以来の経済活動の在り方とする考えが基となって「持続可能な社会」を作る目標を掲げ、社会変革に取り組んでいるのが今日の世界です。幼児期の保育の分野では、幼稚園教育要領の前文に「持続可能な社会の創り手」となることが可能になる基礎を幼児に培うと謳われています。保育所保育指針も「保育所の保育は、子どもが現在を最もよく生き、望ましい未来をつくり出す力の基礎を培うため」と保育の目標を謳っていますので、将来の担い手を育む上で幼児期に期待する点は共通しているといえます。そのためには、それぞれの保育現場は、今日の社会を変革するための創意工夫つまりビジョンを持たなくてはなりません。

　そこで、このビジョンを考えるうえでたくさんのヒントが得られる絵本を紹介したいと

思います。それは、2004年にオーストラリアで出版された"Belonging"(1)です。コラージュで作られた絵だけの文章のない絵本です。表表紙はコンクリート色の商業地が描かれていますが、裏表紙は、緑の街路樹が茂り、路地では子どもが輪になって遊んでいる上を小鳥が飛んでいる絵になっています。ストーリーは、一組の夫婦が都会に引っ越してきて生まれた女の子がトレイシーと名付けられ、成人していくまでを、彼女の窓から眺めた自宅の庭と街の変遷で描かれます。作者ジーニー・ベイカーは、後書きでこの絵本のテーマを解説しています。そこでは、今日多くの人が都市に暮らしており、その土地を「財産」として自分に帰属する物のように捉え「その土地に対する強いつながりを感じてはいない」と述べられています。しかし、作者は実際は私たちの方が、「その土地に依存しているのだ」、つまりその土地は、「私たちを養い、支え、元気づけてくれる」存在なのだと指摘しています。従って、「人々の暮らすその土地を健康に保つことができれば、私たちが頼りとする生命の網（web）を維持していけるだろう」と述べ、単に住む場所となるか、"living home"となるかは、そこで暮らす人々がその土地の自然を大切にするかの努力に掛かっていると指摘しているのです。絵本では、車が通過する裏道を住民の協働によって、コミュニティの小公園に造り変えていく様子が描かれています。きっかけは、隣家の老人が育てた苗木を廃車置場のコンクリートを剥がして移植したことでした。都市の土地に元々あった植物を再生させることと、街の自治が進むことの両方が描かれています。その老人はトレイシーにも苗木を分けてくれます。自宅の庭に植えられた木はやがて成木となり、彼女は結婚した夫と子どもを抱いて両親と寛いでいます。世代の巡りをその木に託しているようにも見えます。全体を通して、自分の暮らす土地に健康な生命の網をつくり出す努力が必要と読み取れるのです。最終頁は、彼女が息子と並んでポットに苗を植えています。「トレイシーフォーレスト」と店名を付けた在来植物の販売ビジネスを始める準備をしているシーンです。「持続可能な社会」を考える3本の柱、即ち「経済」「社会・文化」「環境」のすべてが盛り込まれた教科書のような絵本です。

　この絵本に魅かれる理由は、私が携わったたかつかさ保育園の園庭の成り立ちとも一致することがあるからです。現在の園庭は、さまざまな樹木に囲まれていますが、1980年の開園当初は、保護者から「かくれんぼもできない砂漠だ」とクレームが来るほどの裸地でした。国立大学の移転した跡地を住宅都市整備公団の団地に造成した一画だったからです。緑化をしようにも植栽の費用を割く余裕がなかったので、安価な果樹の苗木を自分で植え、保護者や近隣の住民から提供された庭木で補いました。実った果樹をお誕生日の子どものおやつにしたり、干し柿をつくることができるようになるには10年ほどかかりました。樹種にも寄りますが、思ったほど時間はかからないものだと感じました。この緑化の過程で特別な現象にであいました。それは今や園のシンボルツリーとなったムクノキと

の出会いです。開園時、敷地境界には、山桜2本と榎とニワウルシだけが残っていました。その年に、山桜の根方から別の木の苗が1本生えてきました。数年後、山桜が枯れると、その木はぐんぐん伸び始め、葉の形と木肌の特徴からムクノキと分かりました。鳥が運んできた実生のものでした。ところがこの木は、本来の直立する樹形ではなく子どもの手の届く高さで枝分かれしています。この木を一目見て、植物学者の伊佐義朗氏は、「この木は奇形です」と言われました。埋め立てられた堅い建設残土の層に根が入っていかず薄い表土の中で横へ伸びた現象でした。おかげで、小さな子どもたちにも登れる木になりました。ムクノキは、賀茂川の氾濫域に生息する木で御所や社寺の森を構成する京都の景観を作っている木です[2]。今も秋になると黒く熟した甘い実を付けてくれ、子どもたちはジャングルジムのように登っています。この経験から、園庭の自然は京都盆地全体の動植物と密接に関係していることを知ることとなりました。

　まさにベイカーのいう通り、私たちはこの土地に活かされているのです。絵本の中の老人によってトレイシーが植物に親しんだように、園庭の動植物との日々の暮らしが子どもたちの記憶に残る原体験を形づくるかも知れません。

　植物学者の稲垣栄洋は、すべての体験が「思い出とならなくても、蓄積となり子どもたちの『知能』を作り上げていく」[3]と指摘します。子どもが生きる場の環境との関係は、言語化されなくても感覚や身体的に意味をもつことを述べるものです。

　都市で暮らしていても、保育者自身がその土地の自然をよく理解し、愛着をもって維持すれば、子どもたちに動植物を身近に感じさせることができます。次節では、園庭の桑を活用することから始まった蚕との保育を述べたいと思います。

2　蚕を育てる保育

　蚕は桑を食べて育つ蛾です。野生のクワコが家畜化されたと考えられています。ヤママユやクスサンなど繭を作る蛾を野蚕と呼ぶ場合、家蚕と呼ばれますが、ここでは蚕で統一します。野生では生きていけない完全に家畜化された生物です。

　蚕は、繭から絹糸や真綿を作り、着物などの織物にするための産業用の昆虫です。絹糸は三味線や琴の弦としても使われてきました。中国が発祥とされ、5000年前から人間との付き合いがあるとされ、世界中に伝搬されました。日本には弥生時代には伝播されていたと言われています。長い歴史をもつ蚕を、21世紀の今日、保育の場で活用する意味を考えてみたいと思います。

　日本ではかつて農家の4戸に1戸が蚕を飼っていた時代[4]がありました。今とは比べよ

うもありませんが、幸いにも蚕に関する産業と研究は維持されており、蚕種も蚕の幼虫も購入することは容易です。蚕は繊維分野にとどまらず、バイオテクノロジーの分野で医薬品の開発にも可能性を広げています。

　シルク産業という括りで語る時、業界では蚕糸業を川上、絹業を川下と呼んでいます。つまり川上とは、蚕の卵を製造する蚕種業、蚕を育てて繭を製造する養蚕業、その繭から糸を製造する製糸業を指します。川下には、絹織物業と流通業などが位置づきます[5]。またそれぞれがさらに細かく分業化されており、「産業クラスター」という概念として語られるのです。その意味について経済学者の二神恭一は、「お互いの必要性、存在理由をよく承知して連携し、共同経済を営んでいるような産業の状況をいう」と定義しています。そして蚕とシルク産業の大きな特徴として「蚕を慈しみ、尊崇してきた」ことと「女性が担っていた」ことを挙げています[6]。従って、経済活動、産業文化、地球環境そしてジェンダーの歴史等どの分野からも語ることができる生物なのです。

　保育で子どもたちと蚕を出会わせると、最初は吹き飛ばしてしまいそうなほど小さな虫なので不思議そうに見ているだけですが、4齢から5齢の蚕は触手で桑の葉を挟んで頭を上下に振って音をたてて食べるので、どの子も「大きくなった」「可愛い」と愛着を示します。産業用ですので、途中でその命を絶つことに葛藤する気持ちが芽生えてきます。川上の産業に携わっていた人々の気持ちを推察する体験でもあります。京都は和装産業が盛んです。いわゆる川下にあたる地域です。養蚕を保育に取り入れてきたたかつかさ保育園はこの土地柄の特性に助けられ、シルク産業の人々との連携が生まれました。保育で蚕を飼うきっかけは、この土地に京都工芸繊維大学繊維学部があった時、研究後に廃棄された屑繭を拾って遊んだ子どもの頃の話を町内の人から聞いたことからでした。ちなみに、この大学の前身は1899（明治32）年に明治政府が作った京都蚕業講習所です[7]。園庭に植えた桑の木が育ったので、同大学の研究所から4齢の蚕を50頭購入したのが始まりです。

2-1　蚕の生活環境

　今日では、生きている蚕に触れた経験のない世代が保育者の大半でしょう。そこで、保育での実践の経験と専門書から学んだ蚕の生態を概観します。

　蚕は、卵の孵化から約1か月足らずで体重が1万倍にも成長します。その後、繭を作り、羽化して蛾となり、交尾後、雄は死に、雌は300個余りの卵を産んで間もなくその一生を終えます。全体で50日から60日です。卵、幼虫のイモムシ、蛹、成虫の蛾へと形態が成長過程で変化する完全変態の昆虫です。

　一般的な蚕の幼虫は、脱皮を4回繰り返します。その度に、餌を食べることを止め、頭部を反り返す形で動かなくなります。これを眠（みん）と呼んでいます。成長の節目となるので、

1齢

給餌

篩で掃除

　孵化から第1回目の1眠までを1齢（3〜4日）と呼び、2齢（2〜3日）、3齢（3〜4日）、4齢（5〜6日）そして5齢（6〜8日）が終わると繭を作り、蛹になります[8]。1齢から3齢までを稚蚕、4齢、5齢を壮蚕と呼び習わします。稚蚕は温度や湿度の変化に影響を受けやすく病気にも弱いため、慎重に飼育します。4齢以降は、全生涯で食べる桑の量の80％をこの時期に食べる旺盛な成長の時期です。

　眠の時間は、稚蚕では半日から一日ですが、4眠では2日に及ぶこともあります。眠から明ける時、脱皮する古い皮の端を桑の葉に固定し、内側の新しい体を前進させます。2分程度で脱皮するのですが、体表の模様が動いていくので子どもたちにも見分けがつきます。体が抜け終わると最後に頭部の硬い殻がぽろっと落ちるので、見ている子どもたちは驚いて歓声があがります。脱皮殻を拾い集めてコレクションにする子どももいます。

　繭を作る直前には、餌を食べなくなり体が少し縮み、体色が飴色に透き通ってきます。このようになると熟蚕と呼ばれ、それまでのおとなしい蚕とは違って、頭を振りながらあちこちに移動を始めます。壁を伝って天井まで登っていく蚕も珍しくありません。

　繭を作らせるために蔟（まぶし）を用意します。園では、農家から頂いた藁で作った藁蔟や厚紙の格子を並べた回転蔟を使います。子どもたちが個別に観察する際、牛乳パックを縦に半分にした容器に2匹入れると、その角で繭を作ります。熟蚕が蔟で繭づくりを始める時、排尿します。蔟の下が汚れて湿りますので新聞紙などを敷いて清潔にしなければなりません。蚕は自分の身体を安定させる糸を蔟の角に掛け、その中で首を8の字に振りながら繭を作っていきます。約一昼夜程掛けて完成させます。

　繭の中で最後の脱皮をして蛹になります。ここまで4〜5日です。蛹は8〜14日で蛾に羽化します。繭の先端を口から液体を出して溶かし這い出てきます。雄が先に出てきます。雌が出ると先に出た雄が羽根を震わせながら雌に寄り、交尾が始まります。そのままにしておくと1日ほど付いたままですが、双方をつまんで離すことを割愛と呼んでいます。その後、雌は2度目の排尿をし、産卵が始まります。卵は粘性を持っていて、抜け出た繭の表面や容器の壁などに卵が付着しますので、割愛後の雌を別の紙の上に移します。紙コップの輪切りにした輪の中に置くとその中で紙の上に産卵します。飛べないのでそのままにしておいても逃げません。

| 摘まめるよ | 4眠観察 | 蚕棚 |

　卵は薄い黄色をしていますが、暫くすると色が黒灰色に変化します。この卵は、休眠卵と呼ばれ、翌年まで保存ができます。しかし、黄色いままの場合があります。それは10日ほどで孵化してきます。この性質の違いを化性といいます。必ず休眠する卵を産む蚕を1化性、休眠しない卵を産む種類を多化性とよび、1年に2回世代を繰り返すものを2化性といい、蚕の品種の遺伝で決まります[9]。休眠卵は、一旦低温を経験すると次に温度が上がって来た時に孵化する性質を持っています。冬を感じてから、春の桑の芽吹きに合わせて孵化する性質と解釈すると自然の不思議さを感じます。

2-2　保育園での動物飼育

　実際に蚕を保育園の生活に取り入れるには、さまざまな課題があります。なにより、今日の保育園の現場は慢性的な人手不足で、これ以上面倒なことは避けたいという雰囲気は否めません。植物と違って動物は、格段に仕事を増やします。その手間のかかる分だけ、子どもたちは、動物は植物以上に関心を向けます。イギリスの発達心理学者のスーザン・アイザックスが、「植物は、いわば受動的な楽しみ事の道具にすぎない。動物は、能動的かつ順応的な生き物であり、子どもは、人間の場合と同じように、働きかけたり、影響を受けたりすることができる」[10]と述べています。この指摘は哺乳類の場合に顕著ですが、蚕も家畜化された特殊な昆虫ですから給餌の時の反応などで、同様の手ごたえを感じます。何より完全変態の成長を間近に見ることができ、毎日何が起きているのだろうと心が揺さぶられます。2005年の4月に突如始まった1000頭規模の蚕の取り組みをもとに、蚕が保育にどのような作用を及ぼし、保育者と子どもそして地域の人々との関係の変化を考えたいと思います。

2-3　蚕と絹糸のつながり

　2003年に4齢の蚕を50頭購入して繭を作らせました。2004年は繭からカイコ蛾がでて、交尾して卵を産んだのです。飼育容器はA4サイズ程度の紙箱でした。内側に卵が付着していたので、「冷暗所か冷蔵庫で保存した卵から初夏に幼虫が生まれる」[11]と聞いていた主任の須藤先生は、園舎の北側にある自転車置き場の棚に置きました。年度が替わり、

牛乳パック

松田さん

繭の糸取り

たまたまバケツ稲づくりの準備の道具を取りに行って「蟻の大群のような塊が蠢く箱」を発見したのです。うっかり忘れて、予定外の蚕が出現したことに責任を感じた須藤先生は、年長組の取り組みではなく、自分で世話をすることにしました。子どもたちは、ちょうどアゲハチョウを園庭のミカンの葉で飼育中でした。蚕にも関心を示し自発的に園庭の桑を摘んで手伝うようになりました。2齢までは餌の量も少なくそれほど手間はかからないので、休日は私が自宅の桑で育てました。連休明けからは本格的な桑の確保に須藤先生は奔走することになりました。園庭の3本では足りなくなり、花園団地内に残っていた街路樹の桑を頂くことにしました。

　直射日光が当たらず風通しのいい玄関ホールで飼育を続けました。給餌作業と糞の処理では、子どもたちだけではなく送迎の親も手伝ってくれるようになりました。糞は乾燥していて、かすかに草の香りがします。食べ残しの葉と共に蚕を篩に掛けて残滓の掃除をすることも、子どもたちは大好きでした。

　作業をしながら須藤先生は親たちから蚕の話を聴いています。年代によって話の内容が異なりました。祖父母代は、「懐かしい、子どもの頃に見たことがある」「家で飼っていた」「子どもの頃蚕の葉っぱを取りに行くのは大変だった」と述べ、ある30歳代の母親は小学校の飼育の想い出として「繭のままランドセルの中に忘れ、卵がランドセルの中にいっぱいあっていややったわ。思い出すだけでぞっとする」と語っていました。教師の保護者は教材用に、デイケア職員の保護者は入居者の中に、蚕を見たがっているおばあさんがいると持ち帰りました。4齢になると蚕は丈夫になるので、家で育てたい子どもたちに持ち帰らせました。牛乳パックに数匹ずつです。すると餌の桑を巡って、「父親が夜帰宅する途中にスーツ姿のまま近所から桑を摘んできた」「亀岡のおじいちゃんに電話をかけて届けてもらった桑を冷蔵庫で保管した」などと、蚕のつながりが拡大していきました[12]。

　5齢の最終段階には桑を食べずに「ウロウロします」。毎日の桑の給餌の労力から解放されたのですが、大量の蚕を入れる蔟づくりを段ボール箱で作るのは大変でした。それでも須藤先生は、「中に入って半日も経つと、頭を8の字にくねらせて糸をはいていきます」と繭づくりを見て「とても神秘的」「顔を上げて一生懸命という感じです」と感情移入しています。しかし、それからどうしたらいいかは決めかねていました。そのままにしておく

巻き取り

と蛾が出てくることは前年の経験でわかっていましたが、あまりにも大量でした(13)。

このころ大量の蚕を育てている話が保護者を通じて広まっていました。「生糸をとれるよ」と卒園児の祖母が申し出てくれたのです。山科にあった鐘紡の製糸工場で働いていた女工経験者でした。さらに他に2人の祖母も「糸繰り機械を持ってくるわ」と道具立ての目途もつきました。こちらは、西陣の帯と組紐製造のお仕事をされている方でした。

雨の日でしたが園庭にテントを立て、ガスコンロでお湯を沸かし、その鍋に一度に50〜60個の繭を入れて煮ました。藁で作った刷毛で糸口を出し、5、60本ほどの糸を指先で繰りながら糸車に巻き付けていく作業を3人のおばあちゃんが手際よく実演してくれました。

繭がすべて解けると鍋の中に茶色い蛹が残ります。それを見つけた子どもが「かわいそうや、蚕死んでいる」と言い、同調する子どもがいたことが記録されています(14)。

生糸は160gでした。そのままではセリシンという膠状のたんぱく質が糸の表面に付いているので、それを洗い流す撚糸という作業工程を経なければ、柔らかな絹糸にはなりません。西陣関係の知り合いを職員のつてを頼って探しましたが、あまりにも少量なので引き受けてもらえませんでした、結局、最初に声を掛けて下さった祖母の知り合いにお願いして、光沢のある絹糸に仕上げてもらいました(15)。

その糸を保護者の祖父の染料研究者からいただいた染料で染め、刺繍糸にしました。藍染の布に一人ずつ運針をして縫い込み、卒園制作のタペストリーを作りました。

2-4　遊び相手の蚕たち

突然の大量の蚕の孵化は、保育園に大騒動を巻き起こしました。しかし、この経験で、すっかり蚕の魅力に取りつかれてしまったのです。同時に、蚕って「丈夫な虫」という印象が子どもたちにも伝わりました。その年の2度目に孵った蚕に対する子どもたちの反応を須藤先生は、「触ったぐらいで死なないと分かってきた」と認めています。5齢に育った時点で簇の用意のために、5歳の子どもたちに厚紙で「蚕の部屋作り」を頼みました。すると「『これ、蚕の滑り台』『おうちの中には、トンネルある』とドールハウスの人形役のようにして蚕と遊んでいました」と述べています(16)。蚕に直に触れ、イモムシの反応になじんで、遊び仲間として認める間柄になっていたのです。

シルクセンターのある横浜市の安部幼稚園では、蚕の取り組みは大切な保育内容のひとつに位置づいています。大貫恵美先生が「カイコ幼稚園設立」(17)と名づけたエピソードは、

須藤先生が「ドールハウスの人形」と見立てた子どもたちの遊び方と良く似ています。

　5齢になった蚕の成長にばらつきが出たのです。幼虫の成長は、飼育環境の広さと蚕の密集度に影響されます。狭いところにたくさん入れてはまずいのです。そこで大貫先生は子どもたちに、成長の遅い小さな蚕を別の箱に分離することを提案しました。それを「カイコ赤ちゃん保育園」と呼ぶことにしました。すると子どもたちのほうから別の箱を要求され、その箱を使って自分たちで蚕をサイズ別に分け、「幼稚園の年少組・年中組・年長組」が作られたというエピソードです。自分たちと同じ「年長組」には、「桑の葉の茎でできた木登り場所やトンネル、桑の葉のレストラン」が作られたと語られています[18]。蚕は汚れた手で触りまくると病気になって死ぬ可能性があります。それでも、幼児が動物との親密な関係を体験するには、ごっこ遊びも蚕飼育の許容範囲としなければなりません。乳幼児の遊びの研究者である河崎道夫は、大貫先生の実践を「本物の生き物を、それとして扱いながら、ごっこ遊びとしても展開する実践例」と呼んでいます[19]。河崎は、「ごっこ遊び」の度が過ぎて、蚕が死んでしまうかもしれないことを、「子どもは、生き物と遊んだり飼ったりして、生き物が好きになりながら、生き物の生と死に触れる」ものであって、「生き物と共に生きながら、生と成長にかかわる喜びや感動と共に、その過程で死なせてしまった経験のもたらす苦い感情」を体験することは、「『生き物が生きる自然』への深い洞察と共感が醸成され、それらが子ども時代の原風景の一部となっていく」と述べています[20]。

　須藤・大貫両者の実践報告では、リアルな命ある蚕に子どもが直接手で触れ、五感を通して応答しあう姿が捉えられています。

2-5　生き物を育てる主体意識

　たかつかさ保育園では春蚕と秋蚕の2回の飼育を続けてきました。蚕が5齢になると牛乳パックで、一人ずつ2匹の蚕の世話をして繭を個別にも作らせます。それまでは、数百匹を相手に保育士主導で給餌と清掃の作業が能率よくなされますが、個別に分けてからは、子ども自身の責任に代わるところがポイントです。子どもたちの蚕への向き合い方は一様ではありません。2022年の担任のY先生とT先生に、秋蚕に取り組んだ子どもの姿を語ってもらいました。

　Y先生は、子どもたちが春蚕を育てた経験で蚕の生活環を知っていたので、2度目の秋は自分で見通しを立てながら取り組んでいたことを説明してくれました。「運動会の練習で忙しかったけど、大きくなってくれてよかった」と述べたのはAくんです。個別飼育の時期に、運動会の練習で園庭や近くの公園に出かけることが増えて、蚕に桑をやることを自分では時々忘れたことを語ったのです。同時に、他の人がフォローしてくれたので蚕が生きていた喜びを述べています。Kくんは、「ちゃんと育てるのが遅かった」と語ってい

ます。「ちゃんと育てる」という意味は、個別に分けた時、蚕がすでに熟蚕の状態に達していたのでしょう。その段階では餌を食べないので、自分が世話をした実感を持てる間もなく繭になったことを言ったのです。他方、Ｙくんは、あえてとても小さい蚕を個別に選んだので、担任として疑問に思い、その理由を尋ねました。すると「いっぱいお世話ができるから」と答えたそうです。小さい個体を選べば大きくなるまでの成長に長く付き合えるだろうと予測しているわけです。同じ卵から育っても、密な状態にあると大きさがバラついてきます。

　蚕の成長に自分がどのようなかかわり方をしているかを語る姿は、変化のはっきりしている蚕ならではの反応といえます。

　Ｔ先生は、朝早く登園してくるＴくんが、必ず真っ先に自分の飼育する蚕を見に行く理由を説明してくれました。自分の持ち物整理を後回しにして蚕に給餌し残滓を掃除します。その訳は「自分でできるから」という説明でした。つまり、持ち物の整理は自分がやれるが、蚕は餌を待っているという意味です。生き物を育てる責任感が伝わってきます。３齢から２週間程度の短い期間ですが、個別に育てることで子どもたちの蚕への愛着はとても深くなることが分かります。

　「０と４と３になった」というエピソードも子どもたちの関心の在り様を表しています。個別飼育では、各自の容器に自分のマークを付けます。Ａくん、Ｋくん、Ｙくんの３人はお互い近い位置に容器を並べていました。ところが、「見てないうちに」、Ａくんのところに繭が３個、Ｋくんには４個できたのです。他にもＭさんやＴくんの容器が４個でした。そうなった訳をＴくんは、「あそこにいる友達と遊びたいと、脱出したんと違う？」といい、Ｔくんのところにも４つの繭ができたことを知ったＫくんは、「Ｔのマークは『目玉焼き』やし、美味しそうに見えたのとちがう？」と蚕があたかも自分たちのマークを識別して寄ってきたのだろうかと推論したのです。大人は、熟蚕になると、それまで動き回ることをしなかった蚕が、繭を作るためにウロウロ動き回る習性があることを知っています。しかし、子どもたちは、自分のコンテナから逃げ出したり、他所から入り込んできた事実を発見した時、蚕にも意志があるように想像して語ったのです。その物語は自分たちの生活にある友達との楽しいエピソードが基盤になっていました。

　Ｙ先生は、子どもたちが蚕を好きになる理由を、手に載せてじっくりと観察できるからだと言います。５齢になった蚕は重量感もあり、触るとすべすべした体表が冷たく感じられ、腹肢が手の平に吸い付くような感触で動きます。尾部には小さな角があります。背脈が波打って見え血液が流れていることがわかります。生きている実感が伝わってきます。Ｇくんが「ちっちゃかったのに、あんなに大きくなってすごい」というように、稚蚕の時期から育てた成長の変化をどの子も間違いなく感じています。これらのエピソードを聞い

て、子どもたちは漫然とルーティーンの仕事をしているのではなく、蚕の命の営みとの関わりをよく考えていたことを知ることができました。

　秋蚕の締めくくりに年長児クラスでは、50個の繭で生糸の長さを測る実験をしました。鍋で煮た繭から糸を引き、風船に巻き取りながら、ホールで1周30メートルのサークル上に並んだ子どもたちの手の平を渡して、何周回れるかという方法で測りました。手の上を滑る生糸のセリシンが手についてすべすべになりました。臭いも感じていました。1時間以上もかかりましたので、最後は先生たちに任されましたが約千メートルになりました。鍋に残った蛹を子どもたちは見つめて、「よう頑張ったなぁ」と、小さな蚕がとても長い糸を作ったことに感心していました。蛹は春蚕の時と同様に、園庭の一角に丁寧に葬られました。

3　地域社会とつながる蚕の保育

　蚕が保育園での生活に組み込まれると、必然的に子どもと保育者は協働する対等の関係になります。もともと虫好きの子どもたちは蚕が食べるしぐさが可愛いという動機で参加します。他方、先生が大変そうに見えるので手伝ってあげたいという気持ちで加わる子どももいます。結果的に、大人と同じ役割を果たせたことで、感謝されたり褒められたりするので、ますます蚕をよく世話するようになります。大量に飼育すると最終段階の5齢では、餌の量も多くなり年長児クラスの担任だけではこなせません。保育者の同僚ともチームワークを保たなくてはなりません。こうして蚕を保育園の中で育てると必然的に子どもたちは、担任の保育者以外のさまざまな大人との関係が生まれてきます。

　蚕を飼う当初の目的は、繭を作らせることでした。座繰りの道具を譲り受け実際に生糸を巻き取ることができるようになりました。Mさんに最初の手ほどきを受けた須藤先生は、次第に腕を挙げました。そして孫たちがいる祖母のHさんやOさんが毎回手伝ってくれるようになりました。Oさんは、絹糸で帯に日本刺繍を施す職人です。毎年の糸取りを手伝ってくださるので、子どもたちから「また今年も糸巻きしてね」と声を掛けられる間柄になりました[21]。

3-1　西陣の絹織物の専門家との出会い

　和装産業が集積している西陣地区に近いので、たかつかさ保育園の蚕の取り組みは、織物関係の人たちへも伝わっていきました。最初に関係した西陣関係者は、塩野屋服部芳和氏です。西陣の絹織物の小売業者ですが、日本産繭のみで織物を作る「純国産絹製品」認

| 伊豆蔵氏 | アート作品 | 京都桑田村開村式 (2014.10.31) |

証業者[22]でもあります。園では蚕種の購入の他に、保育士に真綿作りや繭から道具を使わず直に糸を手で引く技術を指導してもらいました。

　いま一人は、西陣の帯屋経営者を引退後、自然素材のみによる染織の研究をする伊豆蔵明彦氏です。伊豆蔵氏の来訪は子どもたちの意表を衝くものでした。繭を煮て解除せずに塩漬けでほぐす手法を指導された時は、子どもが泣くほどの強烈な臭いが出ました。また、対面でペアになって繭を引っ張ると角真綿ができることを教わるなど、彼の来訪の度に子どもたちは興奮しました。伊豆蔵氏が帰る時、子どもたちが群がって口々に「また来てね」と言っていました[23]。伊豆蔵氏を「尊敬すべき権威」として子どもたちが自ら認めた情景のように見えました。まさに教育学者の城戸幡太郎が、「子どもは拘束から自由になろうとするが、権威から無縁になろうとしない」「子どもが、自分の能力に対して自信を深めていくのは権威によって認められることである」と述べていることを実感する光景でした[24]。さらに伊豆蔵氏は、蚕に凸面上で生糸を吐かせて球体を作る道具を貸してくださり、オブジェを4つ作りました。蚕団扇の技法の応用でした。伊豆蔵氏自身はその手法を使って直径2メートルの真綿の球を作り美術館で披露しました。その折に、たかつかさ保育園の子どもたちのオブジェも一緒に飾ってもらいました。

3-2　京都・桑田村プロジェクト

　蚕飼育の最大の課題は、桑の確保です。稚蚕の段階は園庭の桑の木の葉で十分まかなえます。しかし、4齢以降は団地内や校区の小学校の桑に頼らなくてはなりませんでした。そうした折、京都市の北隣の南丹市の限界集落支援員のTさんの斡旋で、南丹市美山町豊郷地区（4集落78戸）に、園児のための桑畑を作るプロジェクトが立ち上がりました。高齢化率が50％を超える豊郷地区の公民館の老人会とたかつかさ保育園の協働事業として、地区内の休耕田（948㎡）で新たに桑畑を開発し、その桑葉を保育園に供給することが決まりました。2014年の秋の開村式ではベリー用の桑を記念に植えました。その年度の卒園記念として3月に子どもたち一人1本ずつ桑を植え名札を立てました[25]。以後、毎年卒園記念樹を植え続けています。最初の木から3年目に桑の葉が供給され始め現在に至っています。2015年3月に京都府のモデルファーム協定に認定され、「自然豊かな農

| 記念植樹 | 脱穀 | 桑畑 |

村景観や環境保全、桑の栽培を中心とした農地・農業の多面的機能の維持に向けた取り組み、その他、地域活性化につながる協力等」を実施する5年間の事業となりました[26]。この協定により公的な支援も受けやすくなりました。鹿と猪の侵入を防ぐ獣害防止ネットの敷設に南丹市の補助がありました。さらに、老人会のリーダー柿迫義昭氏が代表になりNPO「京都桑田村」が設立されました。公民館のほかに古民家を改修した交流センターをNPOが管理し、宿泊にも使えるようになりました。その結果、2015年からは夏と秋の合宿保育を豊郷で行っています。村内の川で子どもたちの作ったペットボトルのトラップに蚕の蛹と赤土を混ぜた餌を入れて川魚を取り、秋には足踏み脱穀機で園庭のバケツ稲の脱穀と炊飯をする合宿が続けられています。村からも年1回たかつかさ保育園を訪れ、子どもたちの劇発表を楽しみ、村祭りの獅子舞を披露する交歓会も催されました。

　過疎の集落の交流人口を増やす事業に保育園の蚕の取り組みが貢献でき、保育園側も、安定的に桑を供給してもらえ、餌の心配はなくなりました。冷蔵庫で1週間は保管も可能なので一度に大量に送ってもらうこともあります。桑の木の成長に伴い桑の葉の生産量が保育園で必要とする以上になりました。そこで私の斡旋で伊豆蔵明彦氏のアート制作にも活用してもらい2万頭の蚕が育ちました。桑茶の加工も試みられています。

　昭和30年には、京都府下には410戸の養蚕農家があったことが統計資料に示されています[27]。現在は全くありません。豊郷地区でもその当時は桑を出荷していたことや、蚕を家で飼っていた子どもの頃の思い出を語るお年寄がいます。90歳を超すOさんは、桑栽培を辞めた理由は米作りにあると言っています。米が儲かる作物となって米作りが盛んになり、「農薬が沢山散布されるようになったからだ」と説明されました。確かに、桑に農薬が付着すると養蚕はできません。現在の桑畑の隣地にも、水田はありますが、耕作農家に事情を話して農薬の散布の時期と方法を配慮してもらっています。

　このモデルファーム事業は、限界過疎集落の活性化事業として保育園が加わり、双方にメリットがある活動として始まりました。しかし、長期になるほど農村側の負担が大きくなっています。なぜなら農地の保全には絶え間ない労力の投入が必要だからです。害獣防御策の補修、桑畑の下草刈り、剪定、施肥など定期的な作業がある上に、近年の異常気象です。「老人会の高齢化」は深刻だ、と今年の夏の合宿保育で公民館の元館長のIさんから

言われました。かつてなら老人会に入る年齢でも就労をされている方が多く、入会者が減っているからです。そうした事情がある中でも子どもたちの来村は、老人の励みになっているとリーダーの柿迫氏は認めています。「子どもたちがやって来る1週間前から竹とんぼを作りためする人や、お手玉の練習に励む人がいる」ことや、一緒に遊んで子どもの喜ぶ姿に触れると「若返った」という声がだれからも挙がると述べています。川で村人と一緒に小魚をとったり、川辺に乱舞する蛍を見せてもらった子どもたちからは、「ここに住みたい」と村に憧れる声が出てきます。この交流を契機に、老人たちの子ども時代に野山や地域で実際に親しんだ遊びをイラスト入りでまとめた「昔の遊び」の冊子が発行されました[28]。

　都市で暮らす子どもたちにとって祖父母世代に接するは非日常的になっています。保育園でもその世代の生活文化を継承することは容易ではありません。蚕が触媒となって、かつて日本の農村では普通にあった産業文化を、保育のプログラムに組み込んだことで、子どもたちにとっても高齢者にとっても双方に意義がある関係が生まれました。

4　ESDに位置づく蚕

4-1　蚕プロジェクト

　ユネスコは、The contribution of early childhood education to a sustainable society を発行し、「持続可能な社会」の実現に向け幼児教育が貢献できることを示しました。

　序文で、イングリッド・プラムリング・サミュエルソンらは、第1に「私たちの社会は今切実に新たな種類の教育を求めている。その教育とは私たちの地球の環境のこれ以上の悪化を止めることができ、公正で平和な世界に真剣に心を寄せかつ貢献する能力を持ち、世話をし、応答する市民を育てる教育である」と提起し、第2に「一握りの人々のための教育でなく、家庭や地域社会を含むあらゆる場に相応しいものとして」、そして第3に「その教育は幼児期から始まるに違いないこと、なぜならこの時期に獲得した価値観、態度、振る舞い、技能は後の人生に長く続くインパクトをもつからである」と述べています[29]。

　この報告書にたかつかさ保育園の蚕の実践報告が載っています[30]。和装産業の盛んな京都においても着物文化は衰退していますが、保育園で養蚕を試みると、伝統産業に関係する地域の人々の援助が得られ、子どもに地域文化を伝えたことを述べました。

4-2　ESDの幼児教育における視点

　このユネスコのワークショップで整理されたESDの重点は、次の4点です。「第1は、子どもたちは、国連子どもの権利条約で明らかにされた権利の正当な保持者であること。従って、子どもの問いには誠実に答える責任が保育者にあり、子どもの観点や意味することは、学習の内容や手法に聴取され実現されるべきであること。第2に持続可能性のための幼児教育は、環境教育をはるかに凌ぐ点である。環境をよくするために持続可能性についての知的な議論と具体的な行動に子どもたちが関わる機会を組み込むこと。その際の学習には、他者に対する思いやり、違いの尊重、公正と公平という視点を組み合わせること。なぜならば世界はますます相互に依存し相互に関連しているからである。したがって、読み書き計算の3Rsより、次の7Rsを意識することが好ましい。（リデュース、リユース、リサイクル、リスペクト、リペア、リフレクト、リフューズ）。第3は、多様性を考慮することである。今日は、国籍・民族性の異なる人々が隣人となる社会である。幼児教育では、子どもたちの最も身近な文化に根差したアイデンティテイを獲得することを援助し、同時に世界市民（world citizens）としてのセンスも発展させる必要がある。異文化間教育がその一つとなる。多様性を尊重し正しく理解することは民主主義の価値と実践なしには認識できない。民主主義は持続可能性の発達に組み込まれる基本的価値観である。その学習は最も小さな社会的単位、即ち家庭で、生まれた時から始められるべきであり、幼児教育のプログラムの単位と一括りとなるべきである。第4は、クリティカルな思考を働かせること。すなわち、当たり前となっていることをよく考え、今日主流となっている持続不可能な習慣や活動に対し、創造的な解決と選択肢をみいだすこと。幼児期にする仕事は、子どもたちに読み書きを早期にかつ正式な方法で教えることではない。身近な食料品、衣料、おもちゃそして広告についての話し合いを通じて過剰な消費を疑問視することは大いに推奨される。その話し合いは、物質的に豊かでない環境にいる人々についての配慮と関係づけることができ、連帯意識と協力についての議論も活性化することも可能であろう。」(31)

　こうした視点から、保育園で取り組んできた蚕の取り組みを見なおすと、なお深めるべき実践の課題が見えてきます。たかつかさ保育園の始めた養蚕活動は、地域が和装産業の中心であり産業文化に密接な専門家の援助が得やすいことに加え、近郊農家の支援まで受けるという幸運に恵まれました。地域が子どもたちの取り組みを盛り立てようと連帯してくれたお蔭です。子どもたちは保育士とは異なる大人とつながり、協働する機会を得られたのです。

　しかし、蚕の取り組みが他の保育園や幼稚園に広がったかというと残念ながらそうではありません。保育所でのウサギの飼育を研究した柿沼美紀は、1993年に50%以上の飼

育率があったが2009年には数％に激減しているという調査資料をもとに、「実際に保育園児にウサギの『世話』をさせるには、人的な余裕と技術が必要となるため、保育士にとって飼育及び動物を介した活動が煩わしいものとなっている可能性がある」と指摘し、「飼育で得られる効果」より「煩わしさ」の比重が大きくなることが、飼育率の減少の遠因ではないかと解説しています[(32)]。確かに、蚕の飼育もウサギほどではありませんが、保育現場に「煩わしさ」を増やします。保育士の配置基準を見直すことが求められています。

　ただし、「得られる効果」をESDの視点で見直すと決して少なくありません。何よりも、生き物に直接触れる体験が、子どもたち自身の自然との関わり方に大きく影響を与えます。蚕に桑の葉を与え、残滓掃除の作業は五感が刺激されます。蚕が目に見えて大きくなりやがて繭を作る頃には、自分のしていることが蚕の命につながっていることとして明確に分かり、自尊感情が育ちます。他方、繭から糸や真綿をとるプロセスでは、蚕の死に遭遇する葛藤と当事者となって向き合わなくてはなりません。予想外の病気や他の動物に食べられてしまうことも起きます。その都度、子どもたちと保育者はよく話し合い、専門の人々との学びを深める機会が増えていきます。

　地域の自然、とりわけ生命の営みを見せる動植物とのかかわりを深める保育活動は、それらに専門的に携わる地域社会の人々と結んでお互いの暮らしを変えることができます。ESDがめざす、子どもたちが地域社会に市民の一員として参加することであり、world citizensへの第一歩と言えると思います。

引用文献
(1) "Belonging" Jeannie Baker、Walker Bools、2004
(2)『伊佐先生が語る京都の自然～幼児に土と緑を』社団法人京都市保育園連盟編、46、かもがわ出版、1994
(3)『生物が大人になるまで～『成長』をめぐる生物学』稲垣栄洋、81、大和書房、2020
(4)『日本の蚕糸のものがたり～横浜開港後150年波乱万丈の歴史』髙木賢、46、大成出版社、2014：1915（大正4）年、165万戸の養蚕農家があった。
(5)『カイコの科学』日本蚕糸学会、新保博、21世紀の養蚕事情、20、朝倉書店、2020
(6)『シルクはどうして世界に広まったのか～人間と昆虫のコラボレーションの物語』二神恭一・二神常爾・二神枝保、ⅱ、八千代出版、2020
(7) 髙木、55、前掲書
(8)「カイコの生活環とその特徴」塩見邦博、64、日本蚕糸学会、前掲書
(9)「多様なカイコの種類」小瀬川英一、14、同上
(10) "Intellectual growth in young children" Isaacs,Susan、169、Routledge & Kegan Paul、1930
(11)『保育びと』第18巻、「蚕と絹糸のつながり」須藤智代子・藤井修、84、京都保育問題研究会、2006
(12) 同上、86、87

(13) 同上、87

(14) 同上、87

(15) 同上、88

(16) 同上、88、89

(17) 『季刊保育問題研究』242 号、全国保育問題研究協議会、「知れば知るほどおもしろい〜カイコで広がる保育一年間〜」大貫恵美、257、新読書社、2010

(18) 同上、257

(19) 『ごっこ遊び』河崎道夫、189、ひとなる書房、2015

(20) 同上、208、209

(21) 『すてきななかま』3 号、「『絹は生きている』を実感」大石はま子、16、たかつかさ保育園、2009

(22) 髙木賢、90、前掲書

(23) 『日本世代間交流学会誌』Vol.6 No.1、「蚕はお年寄りと子どもたちを結ぶ触媒〜異世代の関係を豊かに、都市と山村の協働の取り組み〜」藤井修、91、日本世代間交流学会、2017

(24) 『幼児教育』城戸幡太郎、85-87、福村出版、1968

(25) 藤井、92、前掲論文

(26) 『京都モデルファーム活用協定』京都府、2015

(27) 『カイコのいる村〜山里の養蚕史〜』三和町郷土資料館編、16、1995

(28) 『昔の遊び〜京都・南丹・美山町豊郷の伝承』豊郷元気づくりプロジェクト編、3、NPO 京都桑田村、2018

(29) "The contribution of early childhood education to a sustainable society" Ingrid Pramling Samuelsson and Yoshie Kaga、9、UNESCO、2008

(30) A silkworm is a fascinating insect for children、Osamu Fujii and Chise Izumi、87-92、同上

(31) Ingrid Pramling Samuelsson and Yoshie Kaga、12 13、前掲書

(32) 『動物と人が共存する健康な社会』陽捷行編著、「子どもの学習における動物の役割を考える」柿沼美紀、54、養賢堂、2010

第3章

子どもの生活と遊びから生まれる表現を支える芸術教育

島本一男

1　子どもの権利と保育実践の課題

　SDGs16-2.の目標は「子どもに対する虐待等の撲滅」です。世界全体では、2歳から4歳までの子どものうち実に4人中3人が何らかの虐待の被害にあっているといわれています。日本においても子どもへの虐待件数は毎年増え、2021年は207,659件を数えました。このような状況が起きる原因についてはいろいろといわれていますが、毎年子どものへ虐待が増え続けている現状から想像できることは、私たちの社会が子どもに対して寛容になれない文化を生み出しているのではないかということです。このまま進むと持続可能どころか崩壊に進んでいく危惧さえ感じます。

　保育という世界に身を置いていると、近代化に向けて進む私たちの生活に対して子どもたちが持っているセンサーが働き、それを子どもたちが「表現」として示してくれるため、水や空気、食べもの、薬、生活スタイルなどに命に関することについて多くの気づきが生まれます。それだけでなく、子どもたちが持っている豊かな表現力や人を信じる力、人を許し、人を繋げる力、そしていつもより良く生きようとする意欲などからは、人間が持つ生命力やより良く生きるための仕組みを学ぶことができます。これは人間が成長し生きていくためには他者からのケアが必要な生命体であること、同時に短時間で急成長するために必要な素晴らしい能力を子どもたちが持っていることなどです。私たちはそこから学ぶことが非常に大きく、そのことを社会に伝える役割があると感じています。

　本稿では、子どもの持つ素晴らしさを活かすための保育が子どもの権利を考えた芸術教育の中にたくさんあることをお伝えしたいと思います。自分より小さく弱い生命に対して

権力を振りかざしてしまう人間の弱さに気づき、新たな子ども理解につなげることで持続可能な社会を目指す大切さに気づいてもらえると幸いです。

1-1　子どもに対する人権意識を高める

　保育所保育指針は子どもの権利条約を基本に作られていますが、そのことを意識しながら改めて自分たちの保育を評価し直してみると、多くの気づきに出会います。私は2013年、法人間異動で定員255人の大きな園へ移りましたが、一斉的な保育が中心だったため「子どもの権利」について繰り返し伝えながら、その保育内容に対して子どもが主体になる発想を求めてきました。保育者たちはその価値観の違いに当初は戸惑いを感じていましたが、葛藤を抱えながらも徐々に子どもの権利条約を意識した保育の重要性に気づき、平和で民主的な保育を目指すような集団に向かおうとしています。ここではその変化を誘い出す実践例をできるだけ多く紹介したいと思います。

　園の見学に来られた保護者の方々に「園では一人ひとりの個性が大切されるように子どもの権利条約に沿った保育をします」と説明していますが、みなさん初めて聞くような顔をし、保育のイメージがうまく伝わった印象が持てませんでした。それは保育者も含め、みんなが子どもの権利条約を知らないということがあります。これから育とうとする子どもにも大人と同じように人権があることを意識しながら保育をすることで、子どもたちには表現の自由が保障されます。そのためにも私たちの社会が子どもの声を聴き、その表現を受け止めながら、教育・保育をする必要性を強く感じます。特に学校教育や保育の中では子どもの権利を考えた表現や人権意識についてまだまだ変革が必要ですが、同時に家庭における育児に対しても多くの保育者たちが危うさを感じています。その危うさは生命を大切に育む立場にある保育者だからこそ肌感覚で感じるものなのですが、私たちでも乳幼児期を大人になるための準備期間だと考え、将来に備えた教育をすることのほうにウェートが置かれ、子どもからの表現に鈍感になってしまうからです。

　私たちは生まれながらにして社会的存在であると言われ、多くの教育を受け、そのような価値観を次に引き継いでいます。その教育は乳幼児期からスタートするわけですが、子どもが自ら自分でできることを増やし、身辺自立や食事、排泄、睡眠、運動などの基本的な欲求をクリアし、社会性や知識の獲得までそれぞれ自分にあったやり方で主体的に学んでいきます。その時に必要なのが人を信じてもいいことを学ぶ応答的体験であり、その子にあった学びの時間です。ですから教育をする時にはそのプロセスにおいて、しっかりした人権意識を持って向き合う必要があります。ここが保育者や教育者に課せられた根本的課題だと思うのですが、そのことを考えるゆとりが日本の保育や教育の現場ではまだまだ十分ではないのです。

1-2　表現活動で子どもへの人権意識を高める

　保育においてその環境が人格形成に及ぼす影響は計り知れないものがあるわけですが、それはすぐに見ることはできません。だからこそ「今」を大切にする必要があると思います。保育園や幼稚園などで実際に行われている、特に芸術教育（描画や造形、音楽活動などの表現活動）は、子どもの権利条約として考えたときに、果たして個性を尊重された表現になっているでしょうか。そもそも子どもたちの表現は、はじめは泣いたり笑ったりする感情表現が多く、そこを十分受けとめてもらうことが表現のスタートとして非常に重要です。しかし、そうした子どもたちの表現を「しつけ」と称して無意識に大人の都合のいい方向にコントロールしようとしていることに、危惧を感じます。

　日本の幼児教育では建学の精神や伝統的保育文化といったさまざまな価値観において保育が行われており、その内容については園の数ほど多様な内容があるといっても過言ではありません。それは多様性や教育の自由という視点から見ると素晴らしいと思います。しかし、1989年に幼稚園教育要領が教科中心主義になっていた6領域から5領域に変更され、遊びや生活を中心にした総合的な学びを目指すという大きな変化があったにもかかわらず、いまだに過去の教育観から抜け出していないのではないでしょうか。現在は主体的で対話的な保育の重要性がよく謳われていますが、その本質を理解し浸透させていくには、子どもの権利を中心において、まずは私たちが自分たちの価値観を揺り動かす覚悟が必要だと思います。

　私の園でも一斉的な保育から子どもの主体性を尊重しながら一緒に楽しい生活を創造する保育を目指して10年が経ちます。今までの保育の考え方をできるだけ否定することなく変えるためには、保育者たちの意識がより良い保育を目指して、その質を高めようと主体的になり自己発揮できる環境を作る必要があります。このような視点で保育者たちの意識改革をするために考えたのが「子どもの中に三つの好きを育てる保育」です。それは日々の保育の中で子どもたちの中に「自分が好き」「人が好き」「自然が好き」という心がどうすれば育つのかという問いを持ち、マイクレド（自分の信条、行動規範）を構築してもらうことです。この三つのことを常に振り返りながら保育をすることで子どもの権利条約やSDGs（ESD）に沿った保育・教育を目指すことができると感じています。まだ道半ばですが、コロナ禍の影響で屋外の活動や子どもの遊びをより充実させる方向へ動いたため、ここ数年で子どもたちの主体的活動が一挙に動きはじめました。この時にも、園の理念や目的と子どもの権利条約を支える四つの原則、特に・子どもの最善の利益（子どもにとって最もよいこと）・子どもの意見の尊重（意見を表明し参加できること）などについて議論し、自分たちが大切だとしてきた保育文化を振りかえり、さらに発展させる方向へ舵を取っていました。ですから感染のリスクが低くなったとしても単純に元に戻すという方向

にはならないと思います。

1-3　子どもの「今」を大切にする保育

　いままで私たちが受けてきた"将来のためにできないことをできるようにさせる教育"から抜け出すには"子どもの生きる意欲につながる楽しい「今」を大切にしてもらうことが未来の幸福につながる"という発想の転換が必要です。人格形成の基礎を培うといわれる乳幼児教育に関係する人たちには特にこの考えが重要だと思います。しかし、一人ひとりの育ちにあったやり方を仲間と一緒に模索していく時間や、応答的な関わり方はなかなか見つけたり変えたりできるものではありません。

　特に日本のように集団を意識することの多い保育は、保育者たちが一つの成功体験を得ると、そこをベースに毎年同じような生活や保育内容が繰り返される、その園の保育文化が生まれてきます。行事などはそのいい例かもしれません。そしていつしか「こういうやり方が大事だ」という方法論が先行し、自分たちの保育文化を絶対視する価値観が生まれていきます。こうした結果を重視する中で考えられる"子どもの最善の利益"は、将来困らないようにという先行投資型のような教育観につながるのではないでしょうか。

　同様にしつけに対しても「子どもの頃に厳しくしっかり教育することが重要だ」という考えにもつながるのだと思います。しつけを否定するわけではありませんが、子どもの育ちに合わせて気持ちを理解しながらバランスを考えていかないと、獲得の途中で子どもの心に傷をつけたり、表現をコントロールしたりすることで、指示に対して従順な子どもが育つ危険性もあります。乳幼児期、大人にとって都合のいい育ちかたを求められる子どもたちは、他者に対しても厳しくなる傾向があり、集団の中でうまく自己発揮をすることが苦手です。さらには想定外の出来事に対しても自分で考え、より良い方向を見つけていこうとする社会的情動スキルなどの獲得がうまくできるのかという疑問も生じます。日本の子どもたちは自己肯定感が低いともいわれますが、その子の持つ個性を伸ばすより将来困らないように、できないことをできるようにさせておこうとする教育観の中には、その方法を間違えると人権を無視した教育になり、自己肯定感が低くなるやり方を次の世代に引き継ぐ確率が高くなります。

1-4　子どもの表現は大人の課題

　例えば子どもがあなたの目の前でなんでも表現することができているかどうかを考えてみてください。表現は子どもの心の表出として捉え、その表現に対して自分たちはどのように応答しているのかを仲間と語り合い共有しながら、表現しやすい環境を創出していくことが大事です。こうした振り返りの機会を持つことによって、子どもたちがいかに「今」

をよりよく生きようとして想像力を働かせながら、短時間でできるだけ多くの学びをするためにあらゆることを受け入れながら生きようとしている姿を発見することができます。

　乳幼児期の子どもたちは自由奔放で自分勝手のように見えますが、相手に合わせる力が非常に強いので、表現も人によって変えています。だからこそ、素直で従順な学びをしている時期に何をどのように伝えるのかが問われるのです。そこに出会う私たちは人権意識を高く持って子どもの声を聴きながら一緒に生活することが求められています。

　一人ひとりの表現の素晴らしさに気づき、個性や多様な表現を広げ、引き出そうとするとき、多様な価値観を持てるための芸術教育がとても大切になってくるのです。子どもたちの学び方は決して受け身ではありません。意欲的に自らさまざまな行動を起こし主体的に学ぼうとしています。こうした学ぼうとする意欲に気づかないと一方的な教え込みになり、芸術教育でさえ保育者の考えた単なる課題をやらせる体験で終わってしまいます。

　行事や日々の保育をすすめるなかでも「子どもに関することが決められ、行われる時は、その子どもにとって最もよいことは何かを第一に考える」という子どもの最善の利益や、子どもたちが自由に意見を表す権利について考えていく必要があります。それぞれの園では主体的で対話的な保育が保障できるように子どもたちの意見を聴いて、子どもの発達に応じた個別の環境づくりをていねいにやっていると考えます。しかし、その評価には自分たちの成功体験に基づいたよりよい保育の形（形成評価）が積み重なったその園の伝統や文化に対して、自己批判力を持つことが重要です。子どもの声を基本に自分たちの保育を正当に評価しているか、もう一度確認する必要があります。成果を結果で評価する体質を意識し、そのプロセスにおいて「人権」への配慮がどのくらいできていたのかを振り返る必要性を強く感じますし、教育のありようが虐待予防にもつながる意識を持つ必要性があります。

2　子どもに対する人権意識を高める（身辺自立）

　はじめに子どもたちの食事や着替え、手洗い、箸の扱い、排泄などの身辺自立について考えてみてください。これらの育ちには個人差があり、みんな一斉に指導するのはとても難しいものですが、園という集団の生活の中では、安全に子どもたちが決まったパターンで生活してくれる自立を求めます。みんなできるだけいっしょに行動してほしいという保育者の願いは、一人で多くの子どもを見るという構造的な部分からも生まれます。ここに子どもの表現に注目し、その願いを尊重しようという考え方を持つと、子どもの自己決定を大切にした緩やかな時間の流れを作ることができます。特に2歳児未満の子どもたちの

身辺自立は、担当者を決め個別におしゃべりをしながら丁寧に関わる支援のほうが本人の意欲や自立がとても主体的になります。すると、保育者の一斉に声をかけることも減ってくるため、室内環境も落ち着いたものになっていきます。0歳児でも生活の流れはものすごく早く学ぶので、先の見通しが持てる視覚情報を提供しながら個別に声をかけ、自立をていねいに支援することで、子どもたち自身が日々の生活をスムーズに流そうとします。トイレなどもみんな一緒に行くのではなく、個別におしゃべりを楽しみながら対応することで排泄のコントロールを自分で意識するようになっていきます。このような生活における子どもとの応答的な時間を通して子どもの表現をていねいに受け止めることによって、子どもの中に安心感が生まれ、特定の保育者との愛着が形成されていきます。これこそが子どもの生きる権利そのものであり、表現の自由を保障することにもつながります。

　子どもの表現や自己決定を尊重するための試みとしては、その日の遊びや場所などの選択も写真を活用したり話し合いによって子どもたちの意見を調整することも大事な時間です。これも一人ひとりやりたいことが違うので、個別に一人ひとりの願いを大切にファシリテートします。さらには2歳児くらいまでは、一緒に仲良く遊ぶということをねらいにしないで、できるだけ一人遊びが上手にできるように関わります。こうした日々の中で一人ひとりの気持ちが尊重され、落ち着いた生活を体験をすることで、子どもたちは保育者たちを通して人への関わり方を無意識に学んでいきます。

　子どもたちの言動を心が感じている「表現」として捉え、その表現が権利であるという受け止めができる保育者たちは、子どもと対等に向き合う重要性にも気づきます。遊びの中で学び合うことの重要性に気付いたり、食事やトイレ、午睡など場面でも個別対応が増え、見事にその保育内容を変え続けています。トラブルが起きても子どもたちと話したり考えたりしながら、次にはどうしようかと、その妥協点を一緒に見つけていく姿なども多く見られるようになりました。さらには職員の連携が深まることで、室内遊びをする子と外で遊びたい子どもがいた時なども、お互いに声をかけ保育者たちが連携してできるだけ願いに応えるようになっていきます。

3　芸術教育（描画や造形、音楽活動などの表現活動）で子どもへの人権意識を高める

3-1　個性の見えない表現活動

　絵を描かせたり、作品を作らせたりすることによって子どもの表現力が高まるということを考えていた頃、保育者たちは毎月、次頁の写真のような保育者が考えた作品を子ども

と作ったり、壁面制作などを行っていました。これらの作品から個性を見つけるのは難しく、多くは保育者の考えた表現になったりしているので、果たして子どもたちが感じたり考えたりしたことの「表現」であるのかというと、単純にそうですとは言えません。なぜなら保育者が考えたモチーフの枠の中での活動であり、保育者の指示を受けながら失敗しないように作った作品だからです。

　描いたり作らせたりすることによって子どもの表現を引き出すという既存の活動を「造形遊び」と呼ぶとしたら、もう一度「遊び」の意味を問い直し、子どもの自由なひらめきや発想を活かした創造的な表現活動がどのようなものなのかを問い続ける必要があるのではないでしょうか。

　右下の作品は同じ子ども（3歳児）が作ったものですが、みなさんはどちらの作品を評価しますか。左側は町会のイベントで作り、右側は保育園で作ったものです。

　右側の作品には大人の介入がかなり入っていることがわかります。一方左側の作品は白紙に油性ペンのみで描かれていますが、子どもが伸び伸びと、いま感じていることを表現しています。さらにこの団扇の絵について、この子は一つひとつ母親に、得意気におしゃべりしてくれたそうです。

　ここで考えて欲しいのは子どもが今一番自己発揮できるやり方で表現する時間がどのくらい楽しいものになるかということです。そしてこのような機会に遭遇した時、自分としては子どもとどんな表現遊びをするのかということです。放っておいたらよいというわけでもありませんが、完成までを

全て準備する必要があるほど未熟でもありません。そして、一緒に楽しんだ時間は大好きな人と共有したくなることもわかります。それが子どもの表現との対話です。おしゃべりのことだけを考えると右側の作品より左側の自由画のほうが子どもからたくさんの声が聞けるのはすぐにわかります。

3-2　表現の捉え方

　「子どもの最善の利益」や「表現の自由」についてはさまざまな捉え方があり、どの園でも一様ではありません。しかし、今できないことをできるようにさせたいという保育・教育観はかなりの園が持っていると思います。それは保育者たちの願いでもありますが、そのことが子どもの最善の利益と合致しているかという判断はどのようにしているのでしょうか。少なくとも目に見える結果（成果）だけを評価の目安にしていたら、教育や保育によって学習したとされる能力の獲得プロセスは見えるのでしょうか。私は子どもの権利を考えた評価の中で、ここがとても重要だと考えています。なぜなら、嫌な思いをして学んだ記憶は心の中に大きな傷として残る可能性があるからです。人はいい思い出は忘れがちですが何かの折にはその人を支える生きるエネルギーにつながります。嫌な思いは2度とおこさないようにするためのブレーキの役割をします。ここもバランスの話ですが、ブレーキを踏み続ける人生のスタートは果たして将来の幸せとどうつながっていくのでしょうか。

　ここではそのことについて、できるだけ具体的に描画活動を通して考えてみたいと思います。絵を描くということは子どもの表現ですが、そこに丸が描けるようになり、具体的な形が表現できる姿を見て「発達」だと考えていないでしょうか。例えばクレヨンがきちんと持てるとか筆圧がしっかりしているとか、丸が描けるようになる、色がわかる、顔から手足が出て顔が描けるようになる（頭足人）、といった子どもたちの残した足跡を見てその育ちを批評していないでしょうか。子どもの描いた絵を室内に一斉に貼り出している園などはこの点について特に注意が必要です。なぜなら一斉に貼り出すことで子どもの表現に対する「うまい」「下手」という評価を保護者と共有する事態が生まれるからです。保育所保育指針にある「表現」の領域では「感じたことや考えたことを自分なりに表現することを通して豊かな感性や表現する力を養い、創造性を豊かにする」ということが書かれています。そのことを踏まえて子どもの表現を捉えると、子どもが残した足跡（絵）を見て評価することが、「子どもが自分なりに表現しようとしている」ということを理解するためには十分ではないということに気づくはずです。

　次の絵をご覧ください。いずれも2歳児が描いた絵ですが、描きながら色の印象で作品のテーマが変わって行きました。子どもの表現遊びはひらめきの連続であり、新たな創造

この2つの絵は無目的からの表現活動ですが、遊びながら変化していく色からの印象をヒントにそこから生み出されるイメージの世界で遊んでいる描画活動です。

ウルトラマンから花火（2歳児）	ジャム（2歳児）
赤い絵の具のイメージから大好きなウルトラマンを描き始めました。しばらくして筆を置き、指で白や黄色、青、緑などの色を使って画用紙に描き始めました。やがてだんだん激しくなりバンバンと立ち上がって絵を叩き「花火だよ」と言って喜んでいました。それは花火を打ち上げているその激しさを表現しているような表現活動でした。	画面の右端を筆で紫色に塗ると「ぶどうできた」と言って喜んでいました。さらに赤やオレンジを入れて指で混ぜ、「ブドウジャムになった」と喜び、最後には赤をたくさん使い「イチゴジャムになったよ」といいました。ぶどう→ぶどうジャム→イチゴジャムと、目的があって描いたのではなく、見た目によって変わる印象を楽しんでいる瞬間でした。

的世界をあれこれと考えながら面白さや不思議さなどを次々と発見しています。だからこそ子どもの表現活動はその時のプロセスの中に大切な意味があり、感じたことをどのように表現しようとしているのか、そして「今」どのように楽しく遊んでいるのかという、まさしくリアルタイムの環境の中での姿を理解することが重要だと思います。

　そこが保障されている園の子どもたちは先の見通しを持ち、遊びを継続することができると思いますし、主体的に生活しはじめます。保育者たちはその姿の中から、何を楽しんでいるのか、喜びの中にどんな真理を掴もうとしているのかといったことを理解し、子どもと一緒に共感する能力が求められているのだと思います。もし、作品を掲示するとしたら、こうした子どもの楽しんでいた姿が想像できるように、そのプロセスを保護者に対してていねいに説明する必要があると思います。

3-3　子どもの「今」をたいせつにする（想像を超えた表現遊び）
── 2次元から飛び出す絵画

　この子は特にテーマを持たず描いていたのですが（51ページ上段）、途中でキャンプをしているというイメージが湧いたようです。すると2枚目の写真のように赤く塗った絵の上でタンポをくるくると回しはじめました。初めは色を塗っているのかと思ったのですが、同じところでくるくる回していたので何をしているのか聴いてみると「お肉焼いているの」と答えました。赤い絵の具を火に見立て、タンポはお肉そのものだったのでした。

絵を描いていると思ったらとんでもありません。お肉を焼いて遊んでいたのです。さらに、赤い色がくすんできたので私が「火が消えそうだよ」と私がいうと「大丈夫、火はあっちにもっとあるから」と言ったのです。

　絵を描きながら、赤い絵の具で描いたところを火に見たててバーベキューごっこになりました。こうした創造の世界で遊ぶ素晴らしい活動をみていると、子どもが絵を描いている時間をもっと自由にすべきだと感じます。大人が出来上がりの作品をイメージして子どもにその一部を関わらせるという表現ではこうした創造の世界で遊ぶことを保障しているとはいえません。子どもの表現活動は想像の世界でいろいろと試しながら面白い発見をする大切な時間であり、子どもの権利としての表現だということを考える必要があります。

　この事例からわかるように、子どもは画用紙という２次元の世界だけではなく、そこから飛び出して３次元の世界で遊ぶことがよくあります。考えてみると子どもの遊びはこうしたイメージの世界で遊ぶことが非常に多く、絵を描きながらも視覚情報によってその内容がどんどん変っていくということは決して不思議なことでありません。だからこそその自由を保障する芸術活動が必要だと思います。

　子どもの表現を子どもの権利として考えると、その表現は自由であり理解し受け止められる権利ということになりますが、その想像力を十分発揮できる環境や受け止めることのできる私たちの感性を豊かにしておく必要があります。

4　子どもの表現は大人の課題

4-1　やらない自由

　表現活動に限らず、子どもの表現の自由を尊重するなら「やらない」という選択も丁寧に受け止める必要があるはずです。子どもの「やりたくない」「いやだ」という表現の中に

は、全く興味がないのか、やりたいと思ってもうまくいかないと思ってブレーキをかけているのか、あるいは過去の体験の中で実際にうまくいかずに自信をなくしているのかなど、その理由について深く考えないと、子どもの最善の利益に対しての誤解が発生します。それは未来のために頑張らせるという発想ではなく、「今」を楽しむことが未来を生きる力につながるという考えにつながっていかないからです。

　実践の中で保育者自身が子どものひらめきや創造性に対してその面白さや素晴らしさに気づくためには、日常的に繰り返される遊びに注目することが重要だと感じます。そのような遊びを基本にした環境による保育の中にこそ「表現」という領域の本来のねらいがはっきりとしてくるのだと思います。

　私の園で最初に取り組んだのは、いつでも絵が描ける環境づくりでした。それまでは自由画というよりテーマの決まった絵を一斉に描くという時間がありました。特に行事の後には決まって運動会の絵や遠足の絵などを描いていました。それは大人でも難しい課題ですが、子どもたちは一生懸命その期待に応えようと頑張っていました。しかし、果たしてここから絵を描くことの喜びを獲得する子どもはどのくらいいたのでしょうか。そこで絵を描くことを嫌いになって欲しくないという考えから、行事の後の絵でもテーマは自由、どんな絵を描いてもいいという提案をしました。この時にはまだ、描かなくてもいい自由を保育者が受け入れるには無理があったからです。

　同時に保育室には毎日いつでも好きな時に好きなだけ自由画を描ける環境（水性ペンとA5版の上質紙）も用意しました。当初は塗り絵をして遊ぶ子どもが多くいたので、自由画を好きに描くという子どもはなかなか増えませんでした。しかし、3〜4年もすると自由画を描く子の姿がだんだん多くなっていきました。もちろん描かない子どももいますが、こんな時を経て保育者たちは「描きたくない子は無理に描く必要はない」という子どもの権利を少しずつ理解していったのだと思います。

　自由画が多くなると子どもたちの個性もクローズアップされてきますし、そこから刺激を受けて絵を描く子どもも増えてきます。同時に絵に興味を示さない子もいるということを理解していくこともできますが、嫌いとか苦手という目で見るのではなく、今は様子を伺っている状態だという発想を持てるかが、その後の子どもの興味を引き出すポイントになります。ところが保育園では常に子どもと生活しながら忙しい毎日を過ごしているため、保育者たちがそのことに気づいたとしても、子どもの興味が持てそうな教材の研究や環境づくり、そして評価の時間を生み出すことは非常に困難なのです。

4-2　一緒になる感覚

　園では表現活動に興味が持てるように外部から講師を呼んでいます。それが歌って遊ぼ

う、作って遊ぼう、踊って遊ぼ
うという表現活動の時間です。
この活動への参加については全
く自由で子どもが自己決定をし
て参加するので、子どもの気持
ちがわかりやすくなります。

　音楽活動は0、1歳児の分園
と本園で毎月コンサートをする
のですが、屋外や廊下、自由に
出入り可能な室内など、子ども

たちの居場所を用意した環境の中で行います。この時、まだ言葉ではっきりした意思を伝
えてこない年齢の低い子どもたちでも、私たちとの距離は一人ひとりが自己決定して参加
しているのがわかります。また、繰り返し歌ったり踊ったりすることで、言葉はなくても
一体感を感じる瞬間がたくさんあり、表現のやりとりから面白さを共有したり、気に入っ
た曲を何度も「もっ　いっかい」と一本指を立ててリクエストしてくれます。時には何十
回も同じ曲を歌うこともあります。このようなやりとりをする時に、歌はコミュニケー
ションのツールで一体感を味わうことがとても大切なものであるということを感じます。
さらには、時間が経つにつれ音楽を聴いてくれていると思っていた子どもたちが、実は一
緒に音楽を能動的に楽しむ共演者であることがわかってきます。その年齢はすでに0歳か
らスタートしています。

　上の写真は1歳児の前でしばらくギターを弾いて歌っている私のすぐ近くにやってき
て、私の真似をしてギターを触り、サウンドホールが不思議だったのでしょうか、そこに
草を入れてケラケラ笑いながらギターを触って遊びはじめた様子です。

　こうした活動も音楽をきっかけに始まったコミュニケーションであり、私との距離を子
どものほうから縮めてくれた瞬間でした。もしこの時、音楽の伴奏に機械類を使ったとし
たら、子どもの興味は人ではなく機械のほうに移り、心から楽しめないと思います。ライ
ブの音楽ですとリズムやテンポ、歌詞まで自由に変えて応答的に遊ぶことができます。音
楽は子どもと一緒に対話的な表現を臨機応変に楽しむ時間です。楽器がなければ太鼓ひと
つでも歌だけでもいいのです。子どもたちのリクエストに応えながら一緒に共感しあうこ
とで、心がつながっていく感覚が得られます。音楽は乳幼児期の子どもたちと一緒に楽し
み、人とつながる一体感を得ることのできる、言葉のいらないコミュニケーションの時間
であり、子どもの自由な表現を心から楽しむことができる瞬間です。

4-3　人と楽しむ表現の場づくり

　絵画や造形遊びでも一体感を感じる時もありますが、基本的には自分の表現を楽しむ時間が中心になります。その中には人とおしゃべりをしながら表現活動を楽しむ子どももたくさんいます。こうした時間を楽しく過ごすことが自由な表現を手に入れることにつながります。

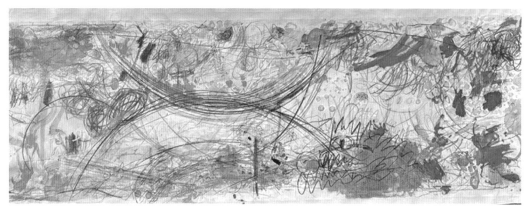

1000㎜×3000㎜：黄色、オレンジ、赤、青、緑、黒……、さまざまな色が一面に躍っています。目的のない表現活動で好きな子が出たり入ったりしながら、まるで砂場のように自由に遊んだ子どもと大人の落書きですが、楽しそうな活動の足跡です。この無目的で自由な大人や仲間と一緒に描く時間は、おしゃべり広場のようでした。

　上の絵は子どもたちが園庭で保育者や芸術家と一緒に1時間ほど遊んだ後の足跡です。何の目的もなく自由に大きな紙の上で遊ぶ子どもたちは、園庭で遊ぶ姿とほとんど変わりがありません。つまり緊張感もなく面白そうなことをやっている環境に惹かれて子ども自身が参加して楽しむ活動です。みんなで目標を持って描いているわけでもありません。まるで砂場で遊んでいるような雰囲気で、子どもたちは楽しそうに思う存分自己発揮をしています。そのような楽しい遊びを大きな紙の上で行った足跡がこの絵です。

　実践の中で保育者自身が子どものひらめきや創造性に対してその面白さや素晴らしさに気づくためには日常的に繰り返される遊びに注目する必要があります。なぜなら子どもたちは大人の生活や人間関係などをごっこあそびの中で見事に再現しながら遊んでいるからです。そして、そのような遊びを基本にした環境への工夫がなされた保育をすることによって、子どもたちの「表現」に対してもっと注視することができ、自ら学習する姿がはっきり見えてくるのだと思います。この時の喜びが未来への準備だと思います。

4-4　子どもの表現と権利　大人との協同

　2022年6月こども家庭庁の創設やこども基本法の法案が通ったことは、子どもの権利を私たちが日常的に意識する大きな後押しになるのではないかと期待するところですが、そのためには、園や学校において子どもたちの表現の自由を捉え直すことが何より重要だ

①シャベルで描いた砂絵　②白い部分を子どもと絵の具で塗り始めた芸術家　③砂を落として浮かび上がった
　　クワガタ

と思います。

　これは理論ではなく、子どものそばにその表現を一緒に楽しむ多様な価値観を持ったおもしろい大人の存在が必要なのです。次の写真はそんな楽しい発想をする芸術家のひらめきが子どもの世界を広げた事例です。

　この砂で描いたクワガタはその前に小さな画用紙に絵の具で描いたものを落としてしまい、砂がついてがっかりしていた子に対して、芸術家がとっさのひらめきで行った行動です。

　後できっかけの話を聞くと、「落とした絵がしっかり描けていたのを見て、砂でも描けると思い提案してみた」ということでした。すると子どもはスコップを使い、砂で①のようなクワガタを見事に描き上げました。それで終了かと思っていたらその芸術家はその子と一緒に砂の周りを筆で塗りはじめました②。何が始まったのかとみんな驚いて見ていると、最後にその子と砂を落として③の転写された絵が出来上がりました。これにはみんなびっくりしたようで、近くで見ていた子どもたちからも「わっ〜！」と歓声が上がりました。しかし、当の本人が一番嬉しかったようで「これ　ぼくのでしょ！」と何度も確認し、嬉しそうに抱えて家へ持ち帰りました。こうした大人こそ、想像力豊かなおもしろい存在ということになります。

4-5　おわりに

　1歳児の子どもが泣いている子どものそばに行って心配そうに眺め、頭をさすりました。こうした相手に共感し助けようとする能力は小さいうちからすでに持っていますが、そのような表現は、子どもが安心して周囲に働きかける自由な雰囲気の中でよく見られます。そうした環境を作るためには、保育者が一人ひとりの子どもへの対応を丁寧にし、穏やかでのんびりした時間を作りながらその表現を楽しむゆとりが必要となります。

子どもたちが自分で学んでいく時間を待てない大人は、短時間で子どもを自立させよう
とするため、教える時間が増え、子どもに対する指示も多くなります。同時に子どもの気
持ちを考えることが難しくなります。3歳ぐらいまでの子どもは、すでに人に対して共感
しながら生きる力については大人以上に優れたものを持っていると書きましたが、周囲の
環境に対して敏感に反応している姿が理解できないと、子どもたちのほうが大人に合わせ
て生きてくれているということには気づきにくいのです。人間の子どもは自立までに長い
年月が必要です。だからこそ、そのプロセスにおいて自立へのケアを大好きな人からたく
さん受けながら平和に生きるための遺伝子を磨いていきます。これがSDGsの考えとも一
致すると思います。

　子どもたちは「かわいい」とか「素直」とかいうものと同時に「探索」し、かなりの自
己表現をしながら主体的な行動をして生きています。そこに自分の世界を広げるためにい
ろいろなことを試そうとして大人の琴線に触れることがあるのですが、それを「悪意のな
い表現」として捉えることが子どもの権利を守ることになります。

　今、子育て環境においておもしろがるゆとりを持った大人たちがどんどん少なくなって
いることが問題です。忙しい人たちは、効率よく子育てをしたくなり、その責任を子ども
に取らせるために教育をしたりしつけをするという状況が生まれています。このような社
会の構造に対して、保育者たちが子どもに対する人権意識を持った保育をもっと見せるこ
とで、子どもを中心にした方向に社会を動かすことができるのではないでしょうか。さら
には、芸術教育を通した子どもの表現に対して「子どもの権利」を意識して取り組むこと
で、私たちは子どもたちから自由で伸びやかな生命エネルギーを感じ、社会の仕組みをそ
うした方向へ向ける必要があることに気づくのではないでしょうか。この感覚こそが虐待
を減らし持続可能な社会にもつながっていくと思います。

主な参考文献
　・中村桂子『「子ども力」を信じて、伸ばす』三笠書房（2009）
　・明和政子『ヒトの発達の謎を解く』ちくま新書（2019）
　・近藤幹生『保育の自由』岩波新書（2018）
　・津守真『子ども学のはじまり』フレーベル館（1979）
　・加藤繁美『対話と保育実践のフーガ』ひとなる書房（2009）
　・川田学『保育的発達論のはじまり』ひとなる書房（2019）
　・木附千晶、福田雅章『子どもの権利条約ハンドブック』自由国民社（2016）
　・ミルトン・メイヤロフ、田村真・向野宣之訳『ケアの本質』ゆみる出版（1987）
　・今井和子・島本一男編著『集団っていいな』ミネルヴァ書房（2020）

第4章

子どもが創り地域と繋がる ESD・ICTとドキュメンテーション

亀山秀郎

　本園は、兵庫県尼崎市にある園児数360名の幼保連携型認定こども園です。園の創立は、昭和28年で、私立幼稚園として幼児教育を行い、2016年度より幼保連携型の認定こども園として0歳〜5歳に対して教育及び保育を行っています。園周辺の環境は、交通手段に恵まれている都市部に位置しています。しかし、商業施設や住宅が多く、小さな公園は点在していますが、子どもたちが自然の中で遊ぶことができる環境ではありません。そのような中、本園では、山田卓三氏の提唱する「火」「石」「土」「水」「草」「木」「動物」「ゼロ（暗闇を歩くことや、日の出を見る体験）」といった自然物や自然事象を触覚・嗅覚・味覚の基本感覚を伴い、視覚、聴覚で知覚できる原始的な直接体験を大切にしています。こういった原始的な直接体験である「原体験」をすることにより、体験を他の幼児に伝え合う活動を継続的に行っています。園庭には、約60本、30種類の実のなる樹を植えており、畑や田んぼもあります。実のなる樹には桑があり、その葉を使いカイコの飼育にも取り組み、飼育の過程でできるマユからタペストリーづくりを行っています。さらに、田んぼでは稲作と大麦の二毛作を行い、稲の収穫、脱穀、籾摺り、精米、そしておにぎりづくりを行い、大麦による麦茶づくりにも取り組んでいます。

　また、本園はユネスコスクールキャンディデートとして、ESDを実践しています。そのような過程の中、職員全体での保育の振り返りで、遠足、園外保育や、行事に向けて年間カリキュラムを考えることに疑問を持ちました。保育者は、子どもたちと日々の生活を共にする中で興味関心に気づき、子どもたちが興味関心を持った活動が広がり・深まり・繋がることができるように環境を用意することが大切ではないかという議論になりました。そこで各部屋の保育環境も、コーナーを複数用意し、一人ひとりの子どもが各々興味のある活動ができるようにしました。さらに保育者同士の振り返りでは、年間カリキュラムについて再考することとなり、保育者を中心に全体的な計画の見直しを行い、併せて、

行事について考える機会も設けました。その結果、年間カリキュラムにおける行事の変革として、例年行っていた運動会・作品展・発表会の方法や時期の見直しを試みました。行事の名称も、運動会を「げんきまつり」、発表会を「こころまつり」、作品展を「てづくりまつり」に変更し、子どもたちが毎日取り組む活動の過程を重視し、取り組んでいる内容を保育だよりや、園のブログで保護者と共有することにしました。そして、子どもの成長を、保護者、地域の方々とともに育んでいける取り組みを行っていきたいと考えました。

　さらに、各クラスの保育者は、子どもたちの遊びの過程を重視し、興味関心が広がるための保育を考えるように心掛けました。初めての取り組みで、保育者は初年度は試行錯誤の繰り返しでしたが、6月に実施した「げんきまつり」では、のびのびと身体を動かしているところを保護者に見ていただいたり、保護者と一緒にダンスをしたりしました。特に、年長児のリレーは、子どもたち自身が話し合い、走る順番を決めて取り組みました。子どもたちは話し合いをする中で、自分の意見を言い、相手の気持ちを考える機会が増え、心の成長が感じられました。また、練習に時間を費やすことが少なくなり、一人ひとりが興味関心のあることに集中して取り組む時間を確保することもできました。12月に実施した「こころまつり」では、5歳児が日々の保育の中で子どもたちの興味関心のあったことを劇の中に取り入れて発表したため、各クラスさまざまな内容の「こころまつり」になりました。年が明けた2月に実施した「てづくりまつり」では、日々の保育で製作した作品を展示しました。

1　コロナ禍における園の対応とESD評価スケールの活用

　2020年3月頃から新型コロナウィルス感染が拡大し、3月からの登園自粛の要請と緊急事態宣言により、1号認定児が登園することができなくなりました。また、保育者も三密を避けるために、在宅勤務をしなければならなくなりました。このような状況から、4月から園に来ることを楽しみにしていた子どもたちや保護者と保育者との繋がりが途切れました。

　4月、5月は、1号認定児は自宅で過ごし、2号認定児のほとんどの子どもたちも登園を自粛され、2020年度の始まりは6月からとなりました。その間、保育者は感染防止に注意し、在宅勤務と園での勤務を併用する中で、YouTubeを使用した動画の配信やオンラインでの活動を行い、切れ目のない教育を継続することを考えました。特に、双方向のオンラインでの活動は、保育者の話を家で聞き、手遊びや製作をし、保育者が家での子どもの様子を見ながら活動をすることができました。園と家庭との繋がりという点でとても

意義があったと感じました。

　6月から分散登園が始まり、1日にクラスの半数の子どもたちが登園する期間が約2週間続きました。子どもたちは、待ちに待った幼稚園が始まり、新入園児のようやく登園できる嬉しさがあふれる姿、進級園児の友だちに会える喜びあふれる笑顔が見られました。保護者もようやく園が始まったという安堵の表情が印象的でした。保育者は、子どもたちとの日常が始まる嬉しさはありましたが、今まで以上に感染拡大防止に気をつける必要がありました。子どもたちの登園時の検温状況や健康観察、部屋の換気、密にならないような保育環境の設定、また、必要に応じて部屋のアルコール消毒等、保育中は子ども同士が密にならないように配慮しなければなりませんでした。子どもたちも「ソーシャルディスタンス」という言葉を使いながらの日常となりました。

　しかし、感染を恐れてばかりでは、子どもたちの活動が深まり、広がり、繋がるような取り組みができません。保育者同士が子どもたちの園での活動の情報を共有し、感染防止をふまえて、活動の歩みを止めないように心掛けました。ようやくクラスが落ち着き、取り組みが深まり、広がった頃に夏休みに入ることとなりました。

　また、6月以降の園行事についても見直しを行いました。クラスが15クラス以上あることから、行事の実施は分散で行う方法を考えました。例えば、誕生会は幼児クラス全員が集まって行っていましたが、クラスごとの実施としました。また、「げんきまつり」は、3歳児、4歳児は2クラスずつ実施し、5歳児のみ、市内にある体育館をお借りして行いました。遠足は、園外保育として、1クラスないし2クラスで実施し、昼食は、感染防止のため園にもどり、パーテーションを使用し食べることにしました。このように、行事を分散実施し、全園児や学年毎に行っていた活動をクラスごとに実施することで、担任保育者が担当するクラスの教育を自ら考えることができるようになりました。

　このようなコロナ禍においても引き続きESDを実践する上で、ESD評価スケールを活用することも行いました。このスケールを教職員でも用いる中で、「園の周辺の地域との協働の取り組み」について話し合うことになりました。主に、評価の中の2～3点に記載されている内容について話し合われました。そして、コロナ禍において、実施できているものと、実践したい内容も明らかとなりました。例えば、「園外に出ることで交通マナーを知る（1歳児から5歳児）」「キッザニアでの仕事体験から、さまざまな職業や働くことで利益を得ることに気付く（5歳児）」「園外保育で、商店街に行き地域の人たちと関わる（5歳児）」といった実践が、保育者同士で確認し合うことができました。

　これから実践したい内容については、「地域の歴史を知れる場所に行ったり、その場で地域の方たちと関わったりできる環境づくり」「文化や伝統について知る姿があるため、深めていく」が挙げられ、今実践している内容からさらに取り組んでいく視点がみられま

した。これらの内容については、子どもにとって園外保育を契機に直接現地に赴き、体験することができると考えています。

次に5歳児の取り組みについて取り上げます。

2　子どもたちが行先を決め、地域と繋がる園外保育

2-1　年長児活動のきっかけ

2020年5月末、1回目の緊急事態宣言が解除になり、ようやく2020年度がスタートできることとなりました。コロナ禍のため、分散登園というクラスの半数の子どもたちが登園する形での保育が始まりました。当初はコロナ感染に不安を抱えて登園している子どもや保護者の姿も見受けられましたが、次第に慣れ、子どもたちの笑顔が園に戻ってきました。感染防止が子どもたちの生活の中にある日常となりました。

2020年6月園再開当初、5歳児青組は、25名（男12名　女13名）在籍、進級のためクラス替えがあり、不安がある子どももいました。しかし、年中組で経験した、園で実った実を食べたことや、野菜を調理した経験を覚えており、時折話す姿がありました。昨年度の年長組の子どもたちが行っていた活動を見ていて覚えている子どももいました。

2-2　麦を使った活動から町づくりへ

登園から2週間程過ぎた頃、例年は子どもたちが麦の収穫をするのですが、今年は登園自粛中に保育者が収穫した大麦の仕分けをクラスで行いました。茶色く実った麦の匂いや感触に触れながら、園庭で実、穂、茎等を黙々と仕分けする子どもたち。仕分け後、余った麦をどのように使いたいのかクラスで話し合いました。（写真1）

「この麦なんかシャワーみたいに見えるやん」「ダンボールに麦貼れば、ベッドにもなるんちゃう？」「もうそれやったら、この麦で家つくればいいやんか」と話し合いに盛り上がりが見られました。年少児の時から製作材料や廃材を用いて創作活動のできる環境を用意し、「アトリエ活動」と称して創造的な活動を行ってきた経験があったからの発言と考えられます。翌日、麦で家を作ろうという話が広がり、どのように家を作っていくのかを話し合う中で、A児が「家って大きいのもあ

写真1　麦をどの様に使おうか相談中

れば、マンションみたいな長いのもあるよな」と発言しました。それを聞いたB児が「たしかに！俺の家マンションやわ」と言い、家といってもいろいろな形態があることを再確認する姿がありました。そして、麦での家づくりをする中で、C児が「家の近くに公園がある、公園も作ろうや」と提案しました。それを聞いた他の園児も賛同し、「商店街も作ろう」と言い出しました。園から北に1kmはなれたところに商店街があり、そこに行ったことのある子どもたちの発案でした。そこで、青組の町を絵で表現することとなりました。（写真2）

商店街の近くにお店を経営している保護者がいるD児は、「俺のお父さんのお店があったり、パン屋さんとかたこ焼きやさんがあるねん」と自信たっぷりに教える姿がありました。その反面、「それってどんなところ？」と疑問に思う子どももおり、商店街に対して具体的なイメージが持てない子どもも少なくありませんでした。そこで、保育者は商店街に行けないかと考えました。

写真2　青組の町を絵で表現しました

2-3　青組の町づくり

例年、年長組の秋の遠足は芋掘りを行っていましたが、コロナ禍の影響で芋掘り農園が開園できず、場所や取り組みの変更を検討することになりました。そこで、感染防止のため昼食は園でとることにし、園外保育として分散して行い、各クラスの興味関心があることをふまえて行き先を決めることにしました。どこに行くかみんなで話し合うと、子どもたちからは商店街へ行くことが多く挙がりました。そこで園外保育で商店街へ行き、自分たちだけの青組の町を作ろうと、『青組の町づくり』が始まりました。

子どもたちの活動が深まってきたところで夏休みに入り、活動は一時中断することとなりました。そこで、保護者に1学期に子どもたちが興味を持って取り組んでいた町づくりの活動を保育だよりで伝え、夏休み中の子どもの興味や発見を家庭から園にメールで送ってもらうようにお願いしました。夏休み中に、数件のメールや写真をいただき、2学期が始まると、子どもたちと共有し『青組の町づくり』に取り入れることができました。

コロナ禍での園外保育であるため、感染防止や密にならないような場所、時間帯等に配慮する必要がありました。保育者は、下見を十分にし、お店の人とコンタクトをとり、了解を得ること、保護者にも理解いただくようにお知らせしました。

2-4 商店街に行くまでに

　「商店街には何があるのかな？」クラスで話し合いをすると、パン屋さん、たこ焼きやさんなど、家庭で保護者に聞いてきたことをクラスの友だちと共有しました。話し合いが進んでいく中で、商店街で実際に買い物をし、買ったものでクッキングがしたいと意見を出した子どもがいました。「それめっちゃいい考えやん」と他の子どもたちも賛同しました。たくさん出た意見の中で、「商店街に牛丼屋さんあるで」という声が挙がり、「それなら青組は牛丼を作ろう」と決まりました。作り方や必要な材料は、子どもたちが家で保護者に聞き、その都度、話し合いの中で意見を出し合いました。保護者もレシピを書いて下さり、家庭とも連携したことで、活動が広がり、深まり、繋がったと感じました。

　次の課題は、どのようにして買い物をするためのお金を子どもたちが手に入れるのか、です。子どもたちから「商店街に行くなら、買い物をするのにお金がいるなあ」「お手伝いしたら園長先生からお小遣いがもらえるんちゃう」「なんかお手伝いしなあかんわ」と意見が出ました。子どもたちが考えたのは、廊下の窓拭きや職員室の掃除でした。手伝いをしてお金をもらえないかと園長先生に聞きに行った子どもたちは、自ら考えた料金表を提案しました（窓拭き1回500円など）。しかし、掃除場所の広さに対しての金額が見合っていないことを教えてもらいました。広い場所を掃除したら安くて、狭い場所を掃除したら高いという点でした。そこで、広さについて調べる活動となり、メジャーを貸してもらいました。しかし、数字を読める子どもがあまりいなかったことから、クラス25人が手を繋ぎ、どのくらいの広さ・長さなのかを体を使って調べることになりました。（写真3）

写真3　園舎や園庭の広さを体感25人が手を繋ぐ姿

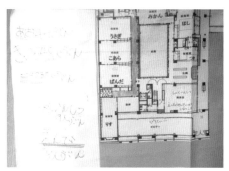
写真4　掃除場所の体での測量結果

　園舎や園庭の広さを体で測ったあと、掃除する場所の広さを園長先生に伝えに行きました。園長先生から「狭い場所のお金が高くて、広い場所が安かったけど？」と聞かれると、自信を持って、広さ・長さの説明をする姿がありました。そして、掃除場所についても、広さ・長さをふまえて、役割分担を行っていました。（写真4）

　この取り組みの中で、体の大きさ、数字や距離、お金の価値など、さまざまなことに関心を持つ子どもたちの姿が見られました。掃除場所

写真5　各自決めたところを掃除する姿

写真6　園長先生からお手伝いでいただいた
お金を教える姿

についても、園長先生にお手伝いの許可をもらい、給食後の時間に、商店街へ行くまでの数日、お手伝いを真剣に頑張りました。（写真5・写真6）また、保護者に教えてもらったレシピを元に牛丼作りの手順や役割なども決め、子どもたちの期待は高まっていきました。

2-5　いよいよ園外保育へ出発

　園外保育当日を迎えました。園から商店街までの道のりは子どもの足で15分程度。途中スーパーに立ち寄り、牛丼作りに必要な牛肉を購入し、近くにある商業施設の最上階から、自分たちが住む町の風景を目に焼き付ける子どもたちの姿がありました。見える高さによってものの見方が変わり、ビル・マンション・施設などさまざまな建物の種類がある事を知ることができました。

　商店街に着くと、商店街の組合長が笑顔で迎えてくれました。「いろいろなものがあるから見ていってね」また、他の人にも「今日は何しに来たの？」と聞かれると「お買い物に来たんだよ」と地域の方との会話を楽しむ姿がありました。カランカラン♪とベルの音が鳴ると、「これは何の音やろ」「なんかパンのいい匂いするで」と、パンの焼きあがりを知らせる音に耳を澄まし、「いらっしゃい、いらっしゃい」と言う商店街の人たちの声に興味を示す様子がありました。（写真7）

　タイミングよくベルの音をならすように、事前に組合長がお店の方に声をかけてくださっていたこともあり、お店の方が気をつかってくださり、快く子どもたちに応対してくださいました。商店街のお米屋さんで「おすすめのお米ください」と子どもたちが聞くと、「ちょうど新米があるよ。おいしいよ」と丁寧に教えてくださいました。八百屋さんでは「甘い玉ねぎはあり

写真7　組合長とのマスクをつけての会話

写真8　お米屋さんとの会話

ますか」など、あらかじめクラスで何を聞くのか話し合ったことを質問することができました。一方で、玉ねぎは1個でよかったが3個入りしかなく、「しかたないなあ」「どうしよう」と現地で子ども同士が考え、相談する姿も見られました。購入する際には、いろいろな人と対話することで、問題解決に取り組む姿がありました。（写真8）

　お店の方々はどの方も笑顔で、子どもたちも緊張することなく会話ができ、地域の方の温かさに触れることができました。商店街を行き交う地域の方も「お買い物？」「かわいいね」など声を掛けてもらい、子どもたちは嬉しそうな表情を浮かべ、この体験を通して、自分たちの町、そこで働く人、町の人に興味関心を持つことができました。併せて、自分たちの町が好きになれたのではないかと思います。

　高齢者が多い町ではありますが、コロナ感染を怖れず対応して下さった町の皆様に感謝の一言でした。

2-6　買ってきた食材を使って牛丼作り

　園外保育の翌日は楽しみにしていた牛丼作りです。商店街で購入した材料を使い牛丼作りを行いました。本園では、子どもたちが調理をする際は、必ず事前に調理師免許を持つ保育者と打ち合わせをすることにしています。コロナ禍でもあるので、感染防止と飛沫予防のため消毒を含めた打ち合わせを行いました。

　当日までままごとの玩具を使い、家庭で聞いてきた包丁で切る、炒める等の調理方法を遊びの中で練習をしていたことから、手順も頭の中にしっかり入っておりスムーズに行うことができました。玉ねぎが目にしみる感覚や、お肉を切るときのムニュムニュとした感覚を感じる姿がありました。玉ねぎを炒めるジャージャーという音に、「なんか、雨の音がする」と面白い表現をする子どもがいました。

　また、切っている手元が他の子どもに見えにくいことから、パソコンとテレビを繋ぎ、テレビのモニターで拡大して見やすいように工夫しました。お鍋の中で食材がグツグツと煮立つ様子も見ることができました。（写真9参照）

　完成した牛丼を園長先生に食べていただくと、「おいしいね。玉ねぎがすごく甘いね」という

写真9　テレビに映して行う調理

感想をもらい、子どもたちは他の先生にも牛丼を配り、「おいしい」と言ってもらえると満足そうな表情を浮かべていました。自分たちでも味を確かめ「おいしい、おいしい」と、食の大切さや調理することの楽しさに気付く子どもたちでした。（写真10参照）

担任保育者は、子どもたちが友だちとの遊びを共有し、子どもたちが何に興味があり、園で何をしているのかを保護者に知っていただくた

写真10　手作りのパーテーションを活用しての食事風景

めに、デジタルカメラを所有し、一人ひとりのドキュメンテーションを作成して、子どもの育ちの過程や気付きを捉えられるようにしました。それは、子どもたち同士が共有し、保護者にも見ていただき、子どもたちの育ちを双方で共有することに繋がっています。

2-7　てづくりまつり（作品展）へ

1学期から麦に触れ、そこから広がった『青組の町づくり』。実際に商店街へ行きどんなお店があるのか、そこで働く人々、地域の方、自分たちの住む町を自分の目で見た子どもたち。「てづくりまつり」では、1年の活動の過程を展示することになり、「商店街にあったお店を作りたい」という話し合いになりました。園外保育の際に見たビルやマンション、

他にも自分たちの幼稚園も作りたいとの意見も出ました。印象に残ったお店を一人ひとりが材料を用いて作り、お店で働く人なども細かく再現し製作しました。商店街で出会った人々を廃材で作ったりLaQ（ブロック）で本物の町のように表現したりしました。（写真11）

幼稚園作りでは、一学期当初、麦を使って家を作りたいという話があがっていたことから、幼稚園を麦で作ろうということになりました。「先生、幼稚園ってどんな形やったっけ」「見に行って確認してきていい」と子どもたちが主体的に取り組む姿がありました。クラスで園庭にある約3メートルの高さの築山に登って、高い場所から園を再確認し、クラスにもどると、形や色について再度話し合い、設計図をみんなで

写真11　商店街で出会った人と町

写真12　子どもたちが描いた幼稚園の図

作って遊びました。（写真12）

　この頃から、子ども自らが司会者となり話し合うなど子どもたちのみで活動する姿があり、保育者は見守ることが多くなりました。

　園の麦を使い、保護者の協力により家庭から持ってきた材料を使って一つひとつの作品が完成するたびに、「うわー、本物の町みたいや」と達成感や充実感を味わう子どもたちの姿がありました。（写真13）

　特に、玄関に置いているアルコールや、園長、副園長が年間を通して、いつも感染対策について話をしている姿を再現しているところは、コロナ禍での園の様子をよく観察していることがわかり、保育者のほうが驚かされました。（写真14・15参照）

写真13　子どもたちが作った立花商店街の作品

写真14　麦を使った幼稚園と近所のマンション

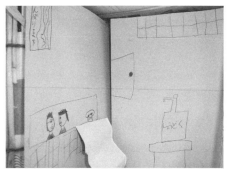

写真15　園の玄関にはアルコール消毒液。左側には感染対策を話している園長、副園長

　一連の実践を振り返るとコロナ禍でさまざまな行事が中止・延期になる中で、子どもたちがたくさんの体験ができたのは、お家でクラスでのことを話す子どもたちの声を保護者の皆様が耳を傾け温かく見守ってくださったからだと考えます。

　牛丼作りでは、子どもたちがお家の人に美味しく作るためのレシピや工夫などを聞き、保護者の方もそれに対して、紙にレシピを書いたり、灰汁が出たときにどうすれば良いかなど子どもたちだけの知識ではわからないことを、子どもたちの年齢にあわせた説明をしてくださったり、平仮名で細かくメモを書き、子どもに渡してくださったことで、話し合いや活動が深まりました。

　「てづくりまつり」でも、日々の保育に保護者の方が耳を傾け協力してくださっていたので、必要な材料を用意していただきました。「てづくりまつり」当日、完成した作品を見て「1年の活動がすごくわかりますね」「子どもたちらしい作品がすごく素敵です」など温かい声を掛けてくださいました。コロナ禍で試行錯誤の

保育で不安ばかりでしたが、保護者の方に、「コロナ禍の中でも工夫した保育をしてくださりありがとうございます」と声を掛けていただき、とても温かな雰囲気の中で保育を行うことができました。

コロナ禍の中で国が緊急事態宣言をいつ発出するかわからない状況、そのため、さまざまな行事が変更や時間短縮になったにもかかわらず、保護者が子どもたちを温かく見守ってくださったことで、子どもたちも保育者も活動を楽しめたことは確かです。家庭と園が協力した保育実践から、青組の保護者の皆様が我が子だけではなく、クラスの活動を見守っていただいたことで、たくさんの大人から自分たちは見守られているという安心感を得ることができました。このような環境下だからこそ、子どもたちが主体的に取り組むことができ、活動が広がり、深まり、繋がることができたと考えています。

3　子どもたちがICTを用いた取り組み

3-1　ドキュメンテーションで家庭に繋がり、広がる取り組み

これまで取り上げた一連の実践の中では、YouTubeや、パソコンのカメラで映ったものを液晶テレビに投影するなど、ICTの実践を取り入れています。他にも、子どもがデジタルカメラなどで撮影して、子ども自らがドキュメンテーションをまとめる実践があります。

きっかけは、緊急事態宣言後、登園を開始した際に、濃厚接触者等の理由から登園したくてもできない子どもがいることでした。こういった子どもたちや家庭と園とが繋がる手段として、ビデオ会議システムを使ってきました。

最初はただ、顔が見えるだけの繋がりだったのですが、ご家庭の協力を得て新しい取り組みを行いました。登園できない子どもが、家庭でどのような取り組みをしているのかを、保育者に写真に撮ってもらい、メールで園に送ってもらいました。保育者がその写真を元にドキュメンテーションを作り、ビデオ会議で家庭と園が繋がっている時に、家庭にいる子どもが、園の子どもたちに、取り組んでいることをドキュメンテーションの内容に沿って紹介しました。4歳児で試みた実践ですが、家庭で作った製作物を、園にいる子どもたちに保育者の支援のもと上手に伝えることができました。また、家庭の近くで拾える自然物の話等もしてく

写真16　ビデオ会議システムを使ったドキュメンテーションの内容を話し合う子どもたち

れたことで、「幼稚園に行った時に見せるね」といった会話にもなり、園に登園する時の楽しみにも繋がりました。直接体験が重要な幼児教育ですが、ICTで繋ぎ、子どもが体験した内容をドキュメンテーションを併用することで、他の子どもたちにも活動が広がるきっかけになりました。（写真16）私自身の研究でも、子どもの自然体験を支えるのは、保護者の養育態度に関連することを明らかにしていたので、子どもの自然体験を支えるために保護者の協力のもとICTを併用することの意義を感じました。

3-2　子どもたちのICTを用いたドキュメンテーションで地域に繋がり広がる取り組み

　ここでは、ICTを使いドキュメンテーションを子どもたちが作った実践を取り上げます。実際に尼崎城に行き、その地域の昔の話を知ったり、着物を纏ったりする活動を行いました。その際、子どもたちがデジタルカメラを持参して、グループでさまざまな文化的な衣装を纏った姿や、城内に展示してある武具等を撮影しました。また、近隣にある貯金箱博物館に行き、館長の話を熱心に聞くと共に、世界の貯金箱にはどのような物があるかを知ることができました。子どもたち目線で、貯金箱をさまざまな種類に分けて撮影するなど工夫をしていました。（写真17・18）

　この他、園外保育で昆虫館に行った子どもたちは、現地で多く昆虫の標本を目の当たりにすると共に、生きた蝶が放たれている所も見て、さまざまな蝶に触れ会い撮影すること

ができました。子どもたちは、その瞬間でしか見られない、虫や自然物や、友だちに伝えたいことをデジタルカメラで撮影していました。

　これらの園外保育の体験について、デジタルカメラで撮影したものを子どもたち自ら手作りのドキュメンテーションとして園内に掲示することとなりました。子どもたちの工夫としては、写真だけでなく体を表現して撮影したものや、文字を記入し冊子にして、手に取って読んでもらえるようにしました。昆虫館に行った組は、昆虫の標本を実際に虫の折り紙で再現して、現地で見た標本箱と同じようなものを再現しました。

　こういった活動をすることで、現地に行ったことのない子ども、保育者、保護者に対して、子どもたち目線での地域の歴史、文化、伝統を

写真17　貯金箱博物館の館長さんの話を聞く子どもたち

写真18　貯金箱博物館のドキュメンテーション

写真19　園内に設けているドキュメンテーションの展示

伝えていくような環境を園内に作ることができました。（写真19）他のクラスや学年の子どもたちが作品を手に取ったり、ドキュメンテーションを作った子どもが保護者に対して雄弁に説明したりしている姿が印象的でした。

　こういった環境を園内に整備することで、他の園児だけでなく、保育者、保護者に伝え合う場と機会を作りだすことが、ESD評価スケールの「園の周辺の地域との協働の取り組み」について、地域へ拡げる契機になると考えています。

　今回のESD評価スケールを用いた、保育者同士の話し合いでは、まだ評価スケールの指標に記載されていない部分に園独自の指標を組み込むまで議論できていません。しかし、園の実践の中でICTを用いることで、子どもが園内外のヒト・モノ・コトと出会うための時間的、空間的な制約を無くすことができます。また、コロナ禍において園が、子ども、保育者、保護者地域を繋ぎ、協働する取り組みに繋げられるようにICTを活用していくことも、これからのESDとして必要な観点だと考えています。

> ESD評価スケールは、世界OMEP Rating Scale（ver.2）を基にしており、保育者がESDの実践を振り返る際の、環境、経済、文化の3分野から各4項目、7段階の評定点で構成されています。このスケールを使い、自園の保育を見直し、改善することで、保育におけるESDやSDGsの指標につなげることができます。

4　本園のESDのこれから

4-1　地域との連携のこれから

　園の近隣には、市役所や小学校等の公共施設や駅が徒歩で約10分圏内にあります。保育者が子どもたちの興味関心に目を向けることで、町や商店街等の地域と繋がり、子どもたちが体験を広げることができました。

　園外保育で商店街へ行ったことで、商店街を行き交う地域の方に声を掛けてもらう経験ができました。コロナ禍で、人と人が集う機会が少なくなっていた約1年を振りかえると、とても貴重な体験であったと考えられます。小学校に繋がりを意識する必要のあるこの時期の5歳児が、この体験を通して、自分たちの町、そこで働く人、町の人のことを好きになれたのではないかと思います。また、消毒やマスク着用など、配慮が必要なことがある

中で、地域の方々がお金のやりとりや、お店の様子を見せてくださったことで、園内では体験できないことを短時間で吸収できたと考えています。このような取り組みが小学校以降の生活科に繋がれば、とも考えています。

4-2　自園のESDとICTに関する今後の課題

　子どもたちは自分たちの住む町に改めて触れる機会を得ることができました。自分たちが持った興味関心を深めるために、目的を見つけ、探究しようとするため、地域に出向きました。そして、見たり、触れ合ったりしたことで興味をより深めることができました。「商店街に行きたい」という子どもたちからの意見は、主体的に地域に関わろうとする姿に繋がりました。この保育実践において、子どもたちが自ら思考力を働かせ、感じた事や体験したことを自分たちなりに表現でき、達成感を味わえたと思われます。主体的に物事に関わり、不思議や疑問に思ったことを友だち同士、そして家庭も巻き込んで探究できたことは、子どもたちの深い学びに繋がりました。コロナ禍の中で、人との繋がりや地域の繋がりという部分は薄くなりがちではありますが、自ら主体的に関わっていこうとする子どもたちの姿や、それをサポートする家庭の協力とコロナ禍でもできることを考えていく地域との丁寧な連携があって、このような地域交流が実現しました。今後も、子どもたちに豊かな体験をさせてあげたいと考えています。保育者は、子どもたちの主体的な発言に耳を傾け、寄り添い、一緒に考えたり、驚き、発見したりすることで、子どもたちの成長を援助し見守っていくことが重要ではないかと考えています。

　また、本園の周辺の地域には、公園や老人福祉施設がありますが、コロナ感染防止のため、高齢者との交流が難しくなっています。また、小学校との交流も途絶えています。このような施設との交流にも子どもの興味関心をふまえて目を向けていきたいと思います。

　2020年度からは、文部科学省の委託調査研究事業を受けICT機器を活用する機会がより増えています。実際に体験したことから子どもたち自身が感じた疑問をタブレット端末で調べたり、映像を見たりすることで、知識を広げ、深めることができるようになってきました。また、ICT環境が整ったことから、ビデオ会議システムを用いた学びあいも行っています。このほか、実習生にもICT機器を用いて、深い学びに繋がる取り組みを行っています。OECDの報告（Starting Strong Ⅶ）によれば、世界的なICT機器等を用いたデジタル化の急速な進展は、新しい教材や環境、人材育成、園と保護者の関係強化など幼児教育・保育に新しい可能性をもたらしており、教育や学習、そして幼児の交流や遊び、より広い社会との関わり方に影響を与え続けることが予想されると述べています。このような流れもふまえて今後は、地域に出かけることができなくても、ICT機器を活用して地域と繋がることも視野に入れていきたいと思います。

コロナ禍で、世の中はできなくなったことばかりが目につきますが、発想を転換することで、保育者は「コロナ禍であっても園、家庭、地域が繋がる活動」という言葉を心に留めて、ESDを試行錯誤しつつ、子どもたちの日常を共に歩んでいきたいと考えています。

本実践を行うにあたり、認定こども園七松幼稚園志方智恵子副園長はじめ、教職員、保護者及び地域の方々に感謝申し上げます。

参考文献
・山田卓三 (1990) ふるさとを感じる遊び辞典　農文協　344
・亀山秀郎 (2011) 幼稚園におけるカイコ教材の意義の検討―KJ法による保育者記録の分析を通して　理科教育学研究　52 (2)、55-64
・亀山秀郎 (2012) 幼稚園における稲作の意義の検討 保育学研究　50 (3)、276-286
・亀山秀郎 (2021) 幼児の主体的な学びにつながるICT機器の活用　初等教育資料 東洋館出版 (1014) 96-99
・亀山秀郎 (2021) 幼児の主体的な学びにつながるICTの活用―STEM教育からSTEAM教育を視野にいれた実践　学習情報研究 (283) 44-45
・亀山秀郎 佐竹智恵子 志方智恵子 (2022) 保育者向け双方向型オンライン研修の実践報告と課題―新型コロナウイルス感染拡大防止としてICT活用の方策　幼年教育WEBジャーナル　4 38-47
・亀山秀郎 (2022) 保育の場で育まれる非認知能力：園内環境の工夫とICT活用の視点から　発達 43 (170)、73-80
・NPO法人幼年教育・子育て支援推進機構 (2022) 第16回 食育コンテスト活動事例集　学校法人七松学園七松学園　認定こども園七松幼稚園　ICTを併用したタマネギからカレーづくりにつながる子ども達の二年間の育ち　71-79
・Hideo KAMEYAMA (2022) Incorporating the Perspectives of SDGs in Early Childhood Education Practice : A Challenge of a Private Kindergarten in Amagasaki, Japan　The 11th KSECE International Conference　The 11th International Conference of Korean Society for Early Childhood Education 250-252
・文部科学省 (2021) 学校法人七松学園　令和2年度 幼児教育の教育課題に対応した指導方法等充実調査研究
・文部科学省 (2022) 学校法人七松学園　令和3年度 幼児教育の教育課題に対応した指導方法等充実調査研究
・文部科学省 (2023) 学校法人七松学園　令和4年度 幼児教育施設における指導の在り方等に関する調査研究
・OECD (2023) OECD幼児教育・保育白書第7部 (Starting Strong Ⅶ) ケーススタディの概要 日本 (3)

第5章

東日本大震災からの復興から
見えてきたESD

片山知子

1 東日本大震災被災地となって

1-1 福島第一原子力発電所の事故による避難指示

　2011年3月11日に発生した東日本大震災の地震および津波被害の未曽有の甚大さは当時、多くの報道で次々と国内のみならず世界へ知らされました。さらにその後の3月14日に起きた東京電力福島第一原子力発電所での水蒸気爆発は外部への放射能被害を生じさせることになり、その影響は広範囲に及びました。東日本の広範囲に大気中に飛散した放射性物質が観測されました。これは想定し得ない出来事であり政府関係者だけでなく各省庁や各自治体、各機関も混乱の中、国民の不安は増すばかりでした。福島県南相馬市内は原子力発電所から同心円でおおむね30キロ圏内外となる地区が隣接しあい、地震や津波の被害で生活できないだけではなく目に見えない放射性物質からの影響を避けねばならないという恐れと不安に直面した経験を余儀なくされたのです。住民には避難指示が出されました。

　その後、避難指示が解除され避難生活から帰還することができたとはいえ、他の被災地との違いが放射線被害を防ぐための除染作業が必要とされたことでした。生活の場には人の背丈ほどの線量計モニタリングポストが設置され、日々その数値で日常行動を制限し合うことも求められました。放射性物質を取り除くことで人体への重篤な被害は防ぐことが出来るため、地面の表土を削り取ること、屋根を高圧洗浄で洗い流すこと、樹木やその枝葉を伐採すること、落ち葉を取り除くこと等々の除染事業が各地で進められました。実際は作業員が動員されての人の手による地道な作業によるものでした。除去土は処分方法が

決まっておらず、廃棄場所も定まらず、先ずは自宅敷地の地中で安全とされる深さに保管袋に詰めて埋設をしていました。除染が始まっての一時期には、外部からの作業員が1万人近く南相馬市に来て滞在していたこともあったそうです。

1-2　避難できない家族と子どものために

　避難指示が出ていた間も地域によっては仕事の都合も含めて避難しない選択をした住民もわずかながらいました。

　震災時については、本章で取り上げる実践事例園の社会福祉法人ちいろば会のホームページの沿革によると2011年3月11日より無期限休園、同5月に鹿島区で臨時保育園開設、同9月に除染、同10月に自園での保育を再開されたとあります。地域の子育て支援の必要を震災後すぐに把握でき、保育の提供を決断されたのは地域のつながりがあり必要性を知ることができたからです。その後、避難指示が解除されると徐々に日常の生活が戻ってきました。

1-3　これまでの当たり前が失われた保育

　避難が解除されて再開された園庭にはモニタリングポストが設置され、常にモニタで線量を確認できるようになる景色が日常の風景となっていました。園庭では表土除去だけでなく、エントランスの敷石の表面の削り取り、遊具の表面も研磨し洗浄するなど、その後も日常的に薬品を使っての手作業での毎日の拭き掃除が続きました。同時に園庭の改造も計画され園庭に大きな石を配置してそこに小川で流れを創り出し、子どもが遊ぶことが出来るようにしました。シンボルツリーの栴檀や榎を利用して木を取り巻く回遊舞台も設置されました。地下に埋められた除染土は放射性物質飛散防止のため芝を敷き詰める施工、線量の高い樹木の伐採など保育環境としての園庭は大きく変化を迫られました。しかもそれまでは当たり前のように出かけていた近くの山の林では放射線量の数値が高く近寄ることもできなくなっていました。

　しかし、園を再開しても保育では多くの遊びを制限せざるを得ない、子どもにとって不自然な環境での保育とならざるを得ませんでした。除染の対策をしたからと言って安心して遊ぶことはまだ適わない時が続きます。外で遊ぶ時間は30分に限られ、外気を吸い込まぬようマスクを必要とし、直接手で砂、土、草や葉に触れることを禁止せざるを得ない保育となったのです。

　保護者の不安を受け止め、一つひとつ意見や希望を聞き取り、それに対応する労力も求められました。体内被曝を案じて給食の食材は県外からの取り寄せや支援として送られてくるものだけを使用し、毎日の食材の放射線量を計測して掲示することも行いました。

1-4　被災地保育者の思い

　保育者も避難先での生活を選択する方も多く、避難解除後に戻られた方は少なく保育再開が決まっても保育者の確保という問題が生じていました。保育者自身も不安と目の前の子どものための保育という使命での葛藤の中に過ごされていたのです。

　この時の子どもたちに対して保育者たちは不本意ながら「だめだよ」とことあるごとに言い続けなくてはならなかった、その切ない思いを以前訪問した折に、筆者に語って下さいました。当時の保育を語る保育者の語りからは、ご自分も被災者としての生活を送りながら、子どものために何ができるかを考え続けて、目の前の子どものために何かせずにはいられない思いに動かされていたこと、除染のために遊具の拭き掃除などが毎日の仕事として増し加わったことなど、当時の働きを淡々と聞かせて下さる姿が印象的でした。

　園長は保育実践者の立場から、東京電力福島第一原子力発電所の事故による放射線被害を被った東北地域の被災地での保育施設に対する調査チームに加わり、大学の研究者や他の保育実践者との共同での継続的な調査研究に関わられています。保育学会やOMEPの世界大会等での報告は「自然はく奪症候群」としての子どもの実相が明らかにされるなど貴重な報告を続けてこられました。

1-5　砂遊びの経験が失われた子どもたち

　園長から報告された子どもの姿は次のようなものでした。被災地にあって戸外遊びの経験が極度に少なく、砂や土に触れることのない時間を過ごしてきた子どもたちは、それが可能になっても自ら砂や土に触れようとしなくなり、触れても良い環境が用意されて遊ぶことを促されても「おだんごを作る」という手の動きが出来ず、手の形を丸くしてきゅっきゅと砂を固めるための力の入れ方などを上手くできない、指の間から砂がこぼれてしまう様子が見られたというのです。保育者としてその様子に驚きと衝撃を受けたというものでした。

　放射線被害を避けるために戸外での砂遊び等が制限された生活の中で成長した子どもが制限のない砂場での遊びに招かれ、遊びを促されたものの、両手を使って崩れない砂だんごを作ることができなかったことに衝撃を受けた体験を通し、子どもたちに大人は何ということをしてしまったのだろうとの痛みを吐露された報告はそれを聴く者の心に痛みと悲しみをもたらしました。

　この後、園長がより保育環境への配慮を考えた保育に取り組まれていくのは当然の成り行きであったといえるでしょう。

2　復興の歩みの中で

2-1　地域の希望

　広範囲の田畑や住宅地からの除染土は最終処分地が未だ定まらないまま中間処分場に分散保管中です。2015年に福島駅から南相馬をめざして路線バスに乗りその道沿いで、除染作業中の黒いフレコンパックと呼ばれる大きな袋が集められているのを目にしたとき、自然豊かな地域であったはずの被災地に突如出現した異様な光景に息をのみました。

　その後、被災地では多くの官民それぞれからの様々な支援、そして大小さまざまな復興事業が続けられてきました。除染土壌の改良や造成、道路の整備や鉄道の再開、各種インフラや住宅の整備、新たな商業施設や教育・研究施設など含めた街づくり等は再出発への希望となっています。

　2022年、被災後11年を経て、被災後の取り組みと努力により、子どもたちは裸足で園庭での遊びも可能となり、園庭での直接栽培も可能となりました。線量計での数値も落ち着いてきました。避難先からの帰還が比較的早く進んだ地域でもあり保育再開後の園児数は被災前とほぼ同程度に戻るのも早く、地域で期待される園となっていました。

　日常生活がおおむね取り戻され、避難先から帰還された方々や復興に伴い移住された方々などによる新たなステージに向かう時を迎えています。

2-2　学び合う保育者

　社会福祉法人ちいろば会は南相馬市の旧原町区に「原町聖愛保育園」を1949年に地域での最初の認可保育園として創立し、2016年には幼保連携型認定こども園「原町聖愛こども園」に移行しました。移行前から園長のリーダーシップと保育者達が子どもと作り出す保育の実践は注目され、しばしば話題になっていました。国内外の先進的な保育理論に学ぶ研修の機会を保育者たちが定期的に持ち、その成果は木材を主にして設計された園舎や備品類、自然物を取り入れる工夫等、心地良く整えられた保育環境や、丁寧で子ども一人ひとりを大切にしたキリスト教保育、さらに自然環境に恵まれた立地を活用するなど魅力的な保育を実践されています。

　園から見える山の林は子どもたちの大好きな

写真1

遊び場です。「原町聖愛こども園」も「聖愛ちいろば園」も毎年の保育のテーマを「森」「川」「海」「空」と大きな自然の循環を意識したものから年度ごとに定めています。4年サイクルの保育のテーマは保育計画に反映され、保育環境づくりや総合的な活動としての製作や表現活動に子どもたちと楽しみ創り出す保育を展開しています。2022年度は「川」ということです。(写真1)

3　新たな保育への挑戦

3-1　小規模保育事業所の開設

　震災後、時が移り小規模保育事業の機会を得て発想されたのが遊具を必要としない園庭での保育でした。紹介された場所は震災前、数人の地域の方々が家庭菜園として使い、震災後は放棄された草むらでした。園長は畑としての活用を考え、園舎は敷地の片隅に建て、畑部分を確保しました。畑は4区画にし、園の子どもたちの他に原町聖愛こども園の5歳児、津波で畑が作れなくなったおばあちゃん、障がい者のグループが使えるようにしました。本園から子どもの徒歩10分ほどの場所です。そして2021年に小規模保育事業B型「聖愛ちいろば園」は開設されました。社会福祉法人ちいろば会は「原町聖愛こども園」に寺田進園長が新たに就任し、遠藤美保子園長は法人の理事長および「聖愛ちいろば園」の園長としての責任を担うことになりました。遠藤美保子園長(以下、園長)が「聖愛ちいろば園」を開設されたことを伺い、筆者はそれならばどのような保育を行われるのだろうかとの興味関心から見学の機会を密かに願っていました。

　2021年の12月、年末で忙しい業務の中、クリスマスの行事も控えている時期にも関わらず、園長はOMEP日本委員会の子どもファンドによる「保育リレーフォーラム」で新たな小規模保育事業の保育実践の報告をなさいました。その報告を聞いた参加者からは「保育の原点を見る思いがした」等の感想も出るなど福島の震災後の復興の中での保育のあり方を考えさせられ、その保育への共感と驚きをもたらしました。報告を聞いた参加者の一人であった筆者はその後、園長のご理解をいただき、その保育を実際に参加体験しながら子どもの生活を体感させていただける機会を得ることが出来ました。

3-2　JR東日本常磐線で原ノ町駅へ

　被災した鉄道の復旧は地域復興のための重要な事業のひとつです。JR東日本の常磐線は2020年3月に全線が開通しました。関東圏から南相馬の原ノ町駅には品川駅から直通の特急で行くことが可能になりました。津波で線路や駅舎の被害を受けた常磐線の復旧は

沿線住民の大きな願いでした。ようやく全線開通し復興していく沿線の様子を車窓から知ることも有意義なことではないかと思います。常磐線の沿線では関東平野の穀倉地帯として秋には黄金色の広大な景色が広がる美しく長閑な景色が楽しめます。福島に入り、海岸線が見え隠れする山間部を通り抜けると富岡、夜ノ森、双葉、浪江各駅の区間が最後に開通した区間です。東京電力福島第一原子力発電所の事故により未だ帰還困難地域もありますが、ようやく避難指示が解除された沿線の駅周辺では西側で復興事業による建物が多いように感じられました。

　原ノ町駅に到着して改札を出ると西側の駅ロータリーは整備工事中でした。東側は新しい開発も行われており、複数の医療機関と薬局などがある新しい区画が見えていました。

　町の発展が期待されていることが感じられます。除染作業が一段落したことで、そのための作業要員などが引き上げていき滞在人口は減少しているようです。宿泊したホテルでの利用者の少なさからも仕事関係での利用者は減少し、観光客誘致に向かっている様子が伺えました。それがコロナ禍の影響を受けていることも合わせて感じられました。これからは先端的な研究施設の計画もあるようで帰還住民や移住者による新しい地域経済の発展が期待されます。今後さらに復興へと進んでいくことでしょう。それにしてもコロナ禍の収束が早く待たれます。

3-3　心優しい子どもと保育者

　原ノ町駅から車で10分ほどの所に「原町聖愛こども園」があります。訪問した時は園庭に異年齢の子どもたちが思い思いの場所で保育者の見守る中で遊んでいました。いくつもの並べられたプランターから朝顔のグリーンカーテンが仕立てられ、保育室のテラスの日よけになり、その緑は目にも優しく自然を大切にした保育環境は以前の訪問時と変わらない落ち着きを感じさせられました。それでも園庭の片隅にはモニタリングポストが設置されたままで子どもの遊びの風景に溶け込んでいるのです。

　親しく話しかけてくる子どもが愛らしく、呼び止められるままに自己紹介をさせられ、「こっち（園庭）に来てもいいんだよ」と子どもたちからの承認（！）を得ることができました。そのやり取りを傍らで暖かく見守り、楽しそうに聞いている保育者はマスク着用の状況ではありながらも穏やかな表情やその明るい振る舞いが子どもの安定した日常の良き支えとなっていることを感じさせられました。

　園長と共に被災後の保育の困難を経験し、新たな保育の構築に力を発揮し今も保育を支える保育者との再会は懐かしく、子どもの視点を尊重し、落ちついた雰囲気と保育のテーマがさりげなく表現されている保育環境にも園の特徴を感じさせられました。

3-4　食材調達に寄せられた支援は今も

　震災後、体内被曝を避けるために給食食材に安全で新鮮な食材を求めていたことから、現在も県外の支援者から継続的に新鮮な野菜が届けられているそうです。震災をきっかけに全国からの様々な支援の輪は豊かな交流をもたらしました。この日は、長野から届けられた大量のキュウリが給食でも使いきれない分量のため、保護者や職員の希望者に引き取ってもらうコーナーがありました。代金は全額をクリスマスに外部に贈ります。支援されるものが支援するものへという心持の循環が作り出されています。

4　子どもの育ちに必要なものを求めて

4-1　畑が園庭で園舎は木造

　「聖愛ちいろば園」に到着し、いよいよ畑が園庭の園で子どもと同じ目線で過ごすことのできる期待で心が躍ります。ところが当日は生憎の曇り空。雲が重く垂れこめて畑で遊ぶことができなかったら、その時はその時です。いつも晴れているばかりではありません。天候次第でどのように過ごしているのかが体験できると思い、いずれにしても楽しみな一日の始まりとなりました。

　園舎は木造の平屋建てで、大きな切妻屋根の建物です。東側と南側が公道の車道に面して外周をフェンスで区切られた緑一面の畑の奥に見えています。道路から車が進入して登降園にも複数台が駐車できるスペースを確保した奥に通用口を持った幅の広い正門が設けられています。見通しが良いことと電子錠や防犯カメラの設置などの安全防犯対策も取られて、子どもの園内での自由な行動が保障される配慮がなされています。園舎にはキリスト教保育の園らしく大きな十字架が東側の切妻壁の上部に掲げられています。

　正門の内側の奥にも広い駐車スペースがあり細かい砂利敷で整備されています。門を入ると広い三和土が設けられ園舎には緩やかなスロープと3段のステップに導かれて玄関に入ることが出来ます。この三和土とスロープは子どもたちが畑の土とは違った感触で遊ぶこともできる場所にもなります。畑では様々な種類の植物が栽培され8月末の訪問時にも、濃淡混ざった緑の葉がフェンス内に広がっていました。畑に面する建物の南側には保育室から出入りできる建物の横幅に合わせた広いテラスが設けられています。(写真2、3)

　小規模保育事業施設として利用定員の19人という規模で開放的な保育環境は低年齢児の集団保育の場として少人数での生活が行われるのに相応しい落ち着いた雰囲気を感じさせるものでした。シンプルに木造の良さを活かした室内の床や壁、木製の備品からも柔らかな雰囲気が感じられ、ところどころに飾られた草花や自然物には美的なセンスの良さが

| 写真2 | 写真3 | 写真4 |

出ています。このような良質の保育環境から子どもへの感性が育てられていくのだろうと思います。(写真4)

　玄関のドアを開けると左が事務室で右の横の壁に掲示物があり、そこには次のように記されています。

1　聖愛ちいろば園の概要
　　　設置者　　社会福祉法人ちいろば会
　　　建物面積　797.02㎡
　　　建物構造　木造平屋建
　　　対象児　　0歳児（生後2ケ月）〜2歳児
　　　定　員　　19名
2　保育理念　「みんな愛されている」
　　　神様によって命を与えられた私たち一人ひとりは、子どもも大人もかけがえのない唯一無二の存在です。それぞれが愛され尊ばれる存在であることを理解しあって認め合い、共に生きる喜びを分かち合って豊かな心が育まれるように努める。
3　保育方針
　　　・安全な環境を整え、キリスト教精神を土台として、人格形成の基礎が豊かに培われる保育を提供する。
　　　・養護の行き届いた環境の中で子どもの欲求を満たし、生活に必要な基本的な習慣や態度を養い育てる。
　　　・望ましい愛着形成がなされるよう、子ども一人ひとりにあった配慮及び保護者への支援を行う。
　　　・自我の芽生え、興味関心の広がりを促す保育を提供する。
4　保育目標
　　　1）子ども一人ひとりの欲求を適切に満たして心の安定を図り、基本的な生活習慣の基礎、身辺自立の確立を促す。
　　　2）保育者や友達との関わりの中で喜んで体を動かして遊び、言語の獲得や表現する力を養う。
　　　3）身の回りの人や環境などに関心や興味を持ち、広げる。

4-2　自然に触れて地域と共に

　通園を希望する保護者は「聖愛ちいろば園」の保育方針や保育の様子を理解し、園庭は畑であり、子どもたちがそこで遊ぶ保育であることに共感しています。ですから泥んこで汚れることもいとわないで送り出してくださるという協力が得られています。

畑は食育活動のために活用するとして「原町聖愛こども園」の5歳児が使う部分、ご近所の『おばあちゃん』のお世話による部分、それと地域の福祉事業所の方々が使用している部分があり、栽培される種類も多様となっています。単一の作物が管理されて栽培されているのとは全く違う畑の様相となっていて、子どもがそこに足を踏み入れる時、彼らの頭部は見えています。しかし子どもからは視界が遮られ、ジャングルでの探検や迷路のようになる畑です。園長や保育者が育てたいものを育てると、素人仕事となります。畑仕事の経験者から見るといろいろ教えたくなる要素は満杯です。そこから通りがかりの地域の住民がよく実らせる方法をフェンス越しに話して行ったり、手伝いの申し出があったり、それとなく見回りに来ていたりと地域の中での緩やかな交流が持たれています。（写真5、6、7）

| 写真5 | 写真6 | 写真7 |

　園長はご自分の子ども時代の原体験に野山での自然の中で楽しかった遊び体験の記憶があると話されます。それが「子どもは畑でも十分遊びを楽しめる」「こどもは自分で興味を持ったことを発見することができる」という子どもの力を信じて任せようという保育者としての姿勢の原点になっているのではないかと思わされました。もちろん園長だけでなく、他の保育者達も土や植物や小さな生き物に触れ合うことを子どもにとって大切なことと考えています。保育室内にカタツムリの飼育ケースなどがあり、畑で見つけた生き物の飼育ではイモムシが蛹になりそこから蝶になり飛び立つ様子を楽しむことも子どもと一緒に経験させているという保育者たちです。

4-3　小規模保育の良さを生かした保育環境

　0歳児のクラスと1、2歳児の異年齢クラスに分れて一日の保育の流れが考えられています。訪問した時の1、2歳児の朝の遊びは室内で粘土、四角形や三角形の木の板、絵本、ままごとや人形あそび、運動マットを敷き上り下りや潜り抜けのできる木製の枠型遊具が保育室に適度な配置でコーナーとして準備され、子どもたちはそれぞれしたいことを選びながら遊びます。そこでは一人で黙々と遊ぶ子どもや、他の子どもにかかわりを持つ子ど

写真8

写真9

も、傍らにいる保育者と一緒に遊ぶなど、様々な遊び方が見られています。

　朝のおやつの時間になり、遊びの片付けを保育者が声を掛けて促していきます。それを聞いて片付けはじめる子どもたちは一人ひとり個性が見られます。それを一人ひとりに穏やかな口調で声掛けしている保育者の雰囲気は保育全体を落ち着いたものとしています。

　トイレでの排泄後おむつパンツを着替えて、手を洗い自分の椅子に腰かけて待ちます。おやつの後には、この日が誕生日の子どものためにお祝いがありました。花を飾り特別の日の環境を整え、歌やお祈り、保育士からのお祝いのメッセージの紹介、用意されたフェルト手芸のケーキの上に年の数のロウソクを立てさせてもらえるのは緊張しながらも嬉しそうでした。(写真8、9)

4-4　小雨の予報だけれど泥んこで遊ぼう

　その後の活動が戸外の畑での泥んこ遊びとなりました。雨になりそうな天候でしたが8月末でもまだ気温は高く、保育者はどろんこ遊びを選びました。

　早速子どもたちは遊ぶための汚れてもいいシャツと短パンに着替えます。子どもたちは「どろんこするよ～」と呼びかける保育者の声に嬉しいようで一生懸命着替え始め外へ出ていきます。順に保育者も着替えを済ませ態勢を整えます。筆者も着替えて一緒に外に出ていきました。

　部屋のテラスから3段のステップを降りると全面が畑の園庭です。保育室から一番手前に泥んこ遊びのための一角が小さく幅広の木材で仕切られています。更にこの泥んこ場に行くために保育室から出てきた子どもたちを誘うように一本の木材が橋のように渡されています。裸足のまま着替えを済ませ帽子を被った子どもたちはスコップやカップを手に泥んこ場に躊躇することなく入っていきます。(写真10、11)

　その時、一人の保育者が畑の縁を通ったカナヘビを見つけました。

　見事に両手で捕まえ、やや興奮気味の保育者が子どもたちに呼びかけます。

　「みんな、遊びに来てくれたよ～」「ほら、カナヘビだよ～」「Aちゃん、先生捕まえちゃっ

写真10　　　　　　　　　写真11　　　　　　　　　写真12

た」「かなちょろだよ～」

　すぐに泥んこに行こうとしていた子どもたちが集まってきます。タライが差し出され、そこに捕獲されたカナヘビが入りました。それをじっと見入る子どもたち。

　「わ～」「ぼく　だいすきなんだ～」「すき～」「すごーい」「ご～い」「かなちょろ～」「えほんにでてた」「さわっていい」口々に思った言葉が出てくる子どもたちです。

　保育者はそれらの子どもの声を聞きながら返事も忙しく。「よく知ってるね」「さわっていいよ」「そっとねそっとね」「しっぽ長いねえ」

　その間の「あっはっはっは」と保育士たちのおおらかな笑い声も会話の楽しさを引き立てる伴奏のようでした。（写真12）

4-5　大盛況の泥んこケーキ作り

　足の裏で感じる黒い畑の土の感触はどのようなものでしょう。子どもが遊び始めると保育者はバケツで水を汲み足元に流し込みました。黒い土は水分を含み気持ちの良い柔らかい泥になりました。遊びを促し、一緒に泥んこになって遊ぶ保育者はマスク着用でもその中は笑顔で楽しそうです。そして子どもとの言葉の応答も楽しんでいます。（写真13、14、15）

　子どもたちは手で泥をたたいたり捏ねたりの感触を試し、手にしたカップやスコップで無心に泥を掬い、カップの中身を逆さにして木の枠にあける、遊びながら保育者とのやり取りもするなど、一人ひとりが思い思いの遊ぶ姿を見せています。遊びの途中で泥が撥ねてかかってもその汚れを気にしないで遊び続けます。（写真16）

　泥の中では足元が少し不安定になります。泥の中で足を運ぶのには足を踏ん張る力とバランスが必要です。大人でも難しい身体の調整機能が求められて良い運動になります。中には尻もちをついてしまう子もいますが簡単にはめげません。（写真17）

　この日はBちゃんの誕生日をお祝いした後でもあり、泥んこで誕生ケーキを作りながらの子どもたちと保育者での微笑ましい会話もありました。

　「うってるね～けーき」「なに、ちゅくってるの～」「けーき。たんじょうびけーき」「い

| 写真13 | 写真14 | 写真15 |
| 写真16 | 写真17 | 写真18 |

こ。そっちいこ」「たんじょびけーき。うってるね。」「いいね〜」「じゅじゅじゅじゅじゅじゅる〜」

　その会話を聞きながら保育者が泥を手で捏ねながら「いい感じだわ」「Bちゃんの誕生ケーキ作ってるの？」「ケーキ作ってるって何号かしら。」とつぶやくと、それを聞いた子どもが「うってるね〜」保育者はそれに答えて「そう売ってるね〜ハハハ」

　その後も泥んこ遊びでは「こねこねこね〜つくって〜」「できた〜」「もうひとつつくって」何やら鼻歌も聞こえた頃、「わーん〜」と泣き声が聞こえました。顔にまで泥がかかったり、少し混雑したところで、遊具の入れ物のコンテナを保育者は逆さにしてテーブルにしました。これで子どもたちはそれぞれ場所を確保。さらにカップを洗う水の入ったバケツも出てくると、あっという間に泥水になり、それも子どもには楽しい遊びとなっていきます。「先生たちが一番面白そうに遊んでいる！」自分たちで可笑しそうに言い合う保育者たちも含めて畑を背景にした平和な光景がありました。（写真18）

4-6　ミニトマトを食べることのできる力

　子どもの中には泥が苦手な子もいます。何事もひとり一人の子どもの思いを尊重し相応しいタイミングで促されるように備えられた環境のある保育ですから無理強いはしません。

　園庭は広い畑が広がり子どもたちを待っています。畑のミニトマトやキュウリのために支柱が仕立てられた所に直行して食べ頃の実を探そうとする子どもがいました。ミニトマトが大好きで、昼の食材を収穫している保育士の傍でお手伝いです。自分で熟した甘いも

のを選び、もぎ取る2歳児。採れたての美味しさを2歳にして分かっているのです。家ではキュウリを食べない子どもでも畑でできたキュウリならば採れたてをパキッと折って一緒にポリポリと食べているそうです。（写真19）

　泥んこ遊びが一段落し、子どもたちは手足を洗ってもらい、テラスの階段にみんなで腰かけながら保育者も一緒にミニトマトをボリボリッと食べての小休止。取れたてのミニトマト食べている子どもたち。ぎゅっとつぶしてもらい美味しそうに食べています。そのままでも食べることのできる子どももいます。

　子どもは食べることが好きになり、齧る力もかみ砕く力も持てるようになると咀嚼と嚥下の力もついてきます。そのタイミングに自分で摘み取る手指の筋力や巧緻性が発達することで、鮮やかな赤や黄色のおいしい甘いミニトマトが手に届くところにあれば当然手を伸ばすでしょう。

　保育者の見守りの中で子どもたちは自分の力に応じた挑戦をします。丸ごとの食材による誤嚥事故はあってはならないことですから、そのことを十分踏まえた配慮と注意が必要なことは言うまでもありません。それを食べるかどうか、食べても未熟で酸味が強いか、完熟の甘味があるか等々、自分の味覚で比べ、食べ頃を学んでいきます。食物を食べることは生きるために不可欠なことです。畑の野菜を通して味を知り、摘み取り食べる経験は人間の生きる本能の姿そのものです。畑で育つ1、2歳児たちの姿にはそれを感じさせるものがありました。（写真20）

　「これは甘いよ」「ほんとに甘い」「酸っぱくないね」とミニトマトの味について嬉しそうに大人も子どもも一緒になって会話する様子は「生きることは食べること」を見る思いでした。おいしく食べられるものを知ること、それを伝え合う生活が日常にある保育でした。生活の場所に田畑のあることが当たり前ではなくなっている地域で暮らす筆者は「聖愛ちいろば園」の子どもの姿に感動し、その傍らにいて細心の配慮をしながらも自然体にふるまうことのできる余裕を持った保育者が子どもを自然に委ね、任せて生活している保育を羨ましいと心から思わされました。

写真19

写真20

4-7　畑の世界の案内人

　泥んこ遊びやミニトマトの収穫の他に、畑に一人で入っていく子どもがいました。コオロギの鳴き声の中を裸足ですたすた歩いていきます。畑には一周できるように通路ができています。そっとその後をついていくと、畑の中の草のないところを選んで歩き、突き当たると右に曲がりまた直進します。追いついた筆者が「一緒に行ってもいいかしら」と後ろから声を掛けても返事はありません。そのまま後を付いて行きました。すると彼はナスの艶やかな実を見つけると「ナス、ナス、ナス……」見つける度、筆者に教えるように小さく呟きながら歩いていきました。合計22回もナスと言いました。ナスの隣に植えられた違う葉の茂みの中に丸いカボチャを見つけると「ボチャ、ボチャ、ボチャ……」。さらにその先にはスイカがありました。小玉スイカの大きさの縞模様のスイカを見て彼がなんというか聞き耳を立てました。彼はしゃがみ込みカボチャではないけれど同じような丸いモノをしばらく見てから何も言わずに立ち上がりまた歩き始め、畑一周を終えました。（写真21、22、23、24、25）

写真21　　　　　　　　　写真22　　　　　　　　　写真23

写真24　　　　　　　　　写真25

4-8　畑の園庭で育つということ

　0歳児はテラスで遊びながら保育者と一緒に1、2歳児の遊ぶ姿を見て、にぎやかな声や畑でミニトマトを収穫する様子を見ていました。2歳児になると覚えた野菜の名前を幾度も繰り返し目の前の実物と結びつけて言うことに集中する子どもの姿がありました。畑にいく目的は歩きたいということだけではなく野菜があることを知っていての行動だった

のです。このように身の回りの環境について2歳児が理解していることに驚かされました。

　畑という環境は子どもが育つ環境として相応しい場であると思わされました。それも保育の環境として子どもの安全を考え無農薬で、作物が育つために耕し適度の肥料の管理は必要です。土作り、畝作り、種まき、水やりなどの世話が必要ですが生育して時期が来ると収穫できる喜びがあります。畑が身近にあることはその工夫次第で自然の中の循環による営みが子どもの成長に寄り添えることに気付かされた「ちいろば園」の保育でした。

　畑を維持する秘訣に園長は畑の作物の出来を細かに期待しすぎないという、おおらかさを挙げられました。子どもは雑草が茂りすぎる所には入ろうとしないことや、手入れをして草を取り、畝を作り種を蒔いた直後、その上を慎重に歩いていた！というエピソードに苦笑されられました。自由な行動が保障されていても、やたらと動き回ったり引き抜いたりすることよりも、大人と同じように出来具合を見比べている様子もあるとのことでした。子どもが畑をどのように捉えているのか、子どもなりに見極める力を持っていることは興味深いことです。

　自然界は人間が好き勝手に使って良いものではありません。さまざまな社会変動や環境変動で私たちの将来の生活の安定性が危ぶまれています。これから未来を担う子どもたちが最善の選択をして持続可能な社会を担っていけるためにもESDとしての乳幼児期の保育の役割は重要です。園長が被災体験から自然との関わりの大切さを学ばれ、試みられている保育、自然が身近にある生活はそのひとつの答えになるのではないでしょうか。それが人の成長の基礎を培うための優れた環境となることを子どもたちが証明しています。

第6章

熊本地震・豪雨災害の被災と保育

吉津晶子

　保育における「自然」とは、子どもを育む環境であり、子どもを取り巻く環境の中から「自然物」という重要な教材を与えてくれる大切なものです。しかし自然から享受するものは計り知れないほど豊かである一方、「災害」という厳しい現実もわれわれに突きつけてきます。それは自然の見せるもう一つの姿とも言えるでしょう。本章では熊本地震と豪雨災害における事例をもとに「保育所の役割」と子どもの「しなやかさ」に触れ、"いのち"を災害から守ることについて考えます。

1　熊本地震と保育所

1-1　熊本地震、その時

　2016年4月14日午後9時26分、後に前震と呼ばれるマグニチュード6.5の地震が熊本を襲いました。この時、益城町では震度7を記録し、隣接する熊本市でも震度6弱の揺れに見舞われました。一晩中鳴り響く地鳴りと緊急車両のサイレン、真っ暗な空を切り裂くように響く災害偵察用ジェット機音。この時筆者は自家用車に避難し、繰り返し襲ってくる余震に耐えながら一睡もできずに過ごしました。それから丸一日が経った4月16日午前1時25分、前震とは比較にならない程の大きな揺れ（マグニチュード7.3、震度7）が再び熊本を襲いました。この時、前震の後辛うじて生き残っていたライフラインはほぼ全てダウンし、水道・電気・ガス・通信のない状況下に多くの人が置かれることとなりました。

1-2　熊本市東区・カトレア保育園

　カトレア保育園（園長・西原勝子）は、熊本市東区の若葉地区に位置し、震度7の地震

に2回曝された益城町に隣接しています。益城町の最も被害の大きかった場所から直線距離にして約6キロという近さで、近隣の住宅に多くの被害が出た地域です。

　園には「里山」をコンセプトにした園庭があり、四季折々の植物や果実が実る豊かな環境のもと、昆虫や鳥等と触れ合える機会を大切にした自然とのつながりが感じられる保育の実践を行なっています。また、園庭や畑では、土壌や地下水への浸透を防ぐために除草剤や防虫剤散布を行わず、草刈後の草を発酵させ堆肥として使用する自然循環型農法を用いています。

　西原（2021）[(1)]によると、14日午後9時26分の前震の際、副園長がちょうど在園中であったため、直後から避難者の受け入れを開始。園内の被害状況に関しては、「子どもの背丈以上のもの置かない」という方針のもと環境を整備していたおかげで、物が落ちる・割れる等の被害もなく、室内へ避難者を誘導することが可能でした。また、より安全を確保するため、避難者に開放したのは平屋建ての乳児室で、室内置きの物がない場所でした。そこにピーク時には近隣の独居高齢者10数名を含む約40名の避難者と約50名の車中泊者を受け入れ、本震を含めた5日間に集中した私設避難所開設を行いました（写真1、2）。

写真1　保育室の様子（カトレア保育園提供）　写真2　炊き出しの様子（カトレア保育園提供）

　園の立地は近隣に湧水のわく秋津川水系の真上にあり、平時より井戸水を使用していたため、水道が止まっても避難所運営には影響がありませんでした。また電気に関しては隣家よりドラムリールで引っ張り、ガスの代わりに薪が使えたことも食事を提供する上で役に立ちました。食材に関しては、園内の備蓄米を含め、園庭で栽培していた野菜を使用するとともに近隣農家の食材持ち寄りによって賄っています。避難所運営における人的資源に関しては、副園長が中心となって隣保組の協力を得て行い、園の職員に依頼は行っていません。つまり保育所という場を提供し、近隣住民と一体となって避難所を運営したとい

うのがカトレア保育園の特徴です。

　避難者の子どもは卒園児・在園児が多く、一旦、地域の指定避難所（若葉小学校）に避難したものの、1500名を超える避難者で溢れており、また、小学校避難に対し心理的な敷居の高さを感じた保護者がカトレア保育園に避難場所を変更したとのことです。その心理的敷居の高さを西原は「子どもがまだ小学校に上がっていない家庭の場合、小学校避難所の居心地の悪さ（出来上がっている人間関係からの疎外感）」を理由としてあげています。この点に関し、顔見知りの関係のある園の方が心理的な負担感も少なく、避難場所として安心できるものであった可能性が高いと考えられます。

　カトレア保育園では5日間という集中した避難所開設でしたが、その後ゴールデンウィーク明けまで、地域の要請に応じた炊き出し支援を行っています。具体的には大鍋で煮炊きした食事を若葉小学校避難所、障害児施設等に1日3〜4回のピストン輸送を行い、他の避難所の側面支援を担っていました。

　このように被災当初より副園長が中心となり避難所運営をスムーズに行えたのは、「保育所は地域のインフラである」との考えのもと、①平時より近隣住民と防災・防犯の協力体制が構築できていたことが大きいと考えられます。さらに、②通常の保育環境整備（子どもの背丈以上のものを置かない等）、③人的資源としての近隣住民、③地下水、④園庭や畑で栽培していた野菜や備蓄米をあげることができるでしょう。

1-3　熊本市東区・さくらんぼ保育園

　さくらんぼ保育園（園長・建川美徳）は、熊本市東区の広木地区に位置し、先のカトレア保育園とは直線距離にして約600メートルと近く、近隣の住宅に多くの被害が出た地域です。

　園下には緑豊かな公園と湖が広がり、自然に恵まれた環境のもと、「おうち」をイメージした保育室に1〜5歳児が一緒に暮らす異年齢保育を行っています。

　建川（2017）[2]によると、園では前震（14日）の後、園内を全て片付け、16日からの保育に備えていたところを本震に襲われ、保育室の中は棚のものが散乱して足の踏み場のない状態になったとのことです。本震の直後から地域住民が園の駐車場に集まり出し、夜明けには駐車場の避難者を被害のなかった乳児室とホールへ誘導。そこから保育を再開するまでの8日間、地域住民や在・卒園児家族の避難所として園を開放することになり、多い時で約100名の避難者を受け入れました。本震直後から私設避難所となった園では、プロパンガスと地下水でライフラインの一部を確保し、人的資源に関しては保育者が交代で園に寝泊まりしながら協力、炊き出しもスムーズに行うことができました。また、震災2日目以降には、全国の保育関係者や友人、卒園児、保護者等、多くの方々からの支援物

写真3　ホールに布団を敷き避難所として使用　写真4　1日3食の炊き出し（さくらんぼ保育園
（さくらんぼ保育園提供）　　　　　　　　　　提供）

資によって支えられ、3食の食事提供を行うことができたと報告しています（写真3、4）。

　このように被災当初、地域住民に安全な場所を提供し、さらに食事を1日3食提供するということがスムーズに行えた避難所は少なく、さくらんぼ保育園だからできたといえるでしょう。その理由として、①地震の前に園舎の建て替えが行われており耐震性において問題がなかったこと、②地下水、湧水のわく江津湖湖畔という地の利、③食料を含む物資、④卒園児やその保護者、地域住民との日頃からの関係性、⑤避難所を運営する人的資源（保育者の存在）に他なりません。

　建川は「避難所に指定された小学校体育館には400～500人の方が避難されている中で、夜中に子どもが泣いたりすると周りに迷惑をかける、障害者やお年寄りの方は和式トイレが使いづらい等の理由で車上で避難する人が大勢いました」と報告しています。この点に関しては、熊本地震車中避難者調査結果[3]とも一致しており、小さな子どものいる家庭の多くが車中泊を選択した理由として「子どもが迷惑をかけるから」という理由が明らかとなっています。また体育館等のプライバシーを保てない場所では、授乳ひとつとっても難しい環境下であったこともその理由としてあげることができるでしょう。これらの点において保育所が避難所として機能する場合、小さな子どものいる家庭にとって何より安心できる場所となるのではないでしょうか。つまり災害時において、安心安全な場と食という「“いのち”を守る」環境を保育所が提供できる可能性を前述したカトレア保育園とさくらんぼ保育園の実践が示したといえるでしょう。

　しかし、建川は「保育者の不安」として、「もしお昼寝の時間帯に地震が起きていたら子どもたちの命を守ることができたかどうか不安です。今後、子どもの命を守る覚悟とそのために経験を踏まえた避難訓練をしなければなりません。しかも、現在の保育者一人当たりの受け持ち人数で、子どもの命を守ることができるのか、私たち保育関係者がもう一度検証し、国や自治体に見直しをお願いすることが、震災を経験した私たちのやるべきことだと思います」と述べています。

この提起はESDの「持続可能な社会を支える後継者（担い手づくり）」[4]の大前提である「子どもの"いのち"を守ること」に直結していると考えられます。保育者自身の経験から導き出された貴重な意見であると共に今後に向けた大きな課題を示しているといえるでしょう。

2　被災を乗り越えていく子どものレジリエンス

2-1　熊本市中央区・熊本学園大学避難所

　本震直後から地域住民・学生等約120名が大学グラウンドに避難。その際にトイレの利用や寒さをしのぐため、バリアフリー対応の学内で最も新しい校舎14号館（当時築9年）が開放されました。その後、ピーク時では一般避難者約700名、障害者60名、車中泊者約100名を受け入れ、5月28日までの45日間にわたって避難者を支え、最後の一人が自宅や地域に戻ることができる環境が整うまで見守り続けました（宮北、2017）[5]。

　普通教室を一般避難者・ペット同伴避難者に、授乳が必要な母子については乳幼児室（写真5）、介護や医療的配慮が必要な避難者はホール（写真6）にと、それぞれのニーズに合わせた避難場所の提供を行いました。また、必要な資材・機材については、学内の実習室から運び込むとともに、学外からの支援品等によって補うことができました。

　食に関する状況について、本震直後は1家族に500mlのペットボトル1本、おにぎり一個を二人で分け合って食べる状況でしたが、本震翌日の昼食より学生ボランティアを中心にグラウンドで炊き出しが始まり（写真7）、その後は県内外の炊き出し支援が入るようになりました。

　避難者に対応したのは、大学教職員（医師・看護師・福祉専門職含む）、学生ボランティア（登録された400名を超える学生）、卒業生の福祉専門職ネットワークなどです。熊本地震では、災害時に介護や支援の必要な高齢者や障害者等のいわゆる災害弱者を受け入れ

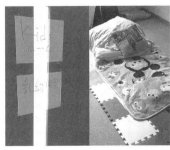
写真5　熊本学園大学避難所乳幼児室

写真6　熊本学園大学避難所ホール（障害者・高齢者対応）

写真7　炊き出し初日（4月17日）；昼食の準備

る福祉避難所が発災当時に機能しなかったため、多くの要配慮者（障害者や高齢者、乳幼児等）を一般避難者とともに大学避難所に受け入れました。

2-2　大学避難所における子どもの姿

　大学避難所ではさまざまな子どもの姿が見られました。避難からの日が浅い中、記憶に残るのは余震に怯える子どもの姿です。2歳ぐらいの男児が、配られた厚くて硬い災害時用毛布を被って無表情のまま母親にもたれ掛かりながらも、余震に伴う地鳴りに反応し毛布を硬く握りしめ、次に襲ってくる揺れを覚悟したように目をぎゅっとつぶる姿。最低限の持ち出し荷物の中にはおもちゃ等はなく、代わりに毛布を抱きしめている子どもの姿。これらの姿を見て、急ぎ膝丈まで書籍と書類が重なって半分しか開かない研究室のドアから手の届く範囲にあった5〜6体のぬいぐるみを取り出し、子どもの元へと届けました。毛布を抱きしめていた子どもはすぐに手を伸ばしてぬいぐるみを抱きしめ、無表情だった子どもは笑顔を見せました。この時、非常時だからこそ子どもの心の避難場所となるような日常（おもちゃ）が必要であることを痛感したのです。

　避難所生活が1週間を過ぎる頃になると、子ども同士が遊びを通して交流を持つようになり、階段を使った「じゃんけんグリコ」等のように体を動かす遊びが見られました。この遊びの中では年長の子どもが年少の子どもを見守る様子も見られ、小学校中学年の女児が3歳女児と一緒に階段を上り下りする姿が見られました。また余震にも慣れだし、体感した揺れを「震度2」や「震度3」のように当てあう「震度当てクイズ」や「今のは震度3まではないけど、震度2よりは強い」等のように自分の感覚と他者との感覚をすり合わせるような発言も出るようになりました。

　本震から10日後、4月26日から大学避難所3階において「クマガク子ども広場」が平日の午後に2時間開設され、5月6日まで続けられました。この運営には大学付属の敬愛幼稚園の教職員ボランティアの他にも学生ボランティアが協力し、交代で数名常駐していました。「クマガク子ども広場」を利用したのは、3歳から10歳程度まで、時には中学生の参加もあり、避難所の子ども以外に車中泊の子ども、教職員が職場に伴ってきた子どもが対象でした。当時の敬愛幼稚園園長であった長友（2017）[6]はこの実践を通し、子どもの姿をストレスという視点から次のようにまとめています。1つ目が「本震の記憶と、継続する余震への不安」。2つ目に生活空間を離れて避難所で過ごしたり、車中泊をしていることによる、そこでは「やることがない、あるいはできない」という状況にあること。3つ目が「ここにいてはみんなに迷惑を掛けるんじゃないかという心理状態」です。これら3つのストレスに対し、遊び場の設置は、そこに行けば自分に共感してくれる人がいるという肯定感、自由に遊んでいいという選択の自由、何より子どもにとっての居場所があ

るという安心感につながったのではないかと考えられます。

2-3　Aちゃん（3歳）の事例から

背景：Aちゃんは避難所で乳児を除いて一番年少の子どもの一人であり、じゃんけんグリコの遊びでは見守られる立場である。Aちゃんの母親は高ストレス状態が続いており、嘔吐が続き食欲がない。同じように水分の摂取も難しいため毎日のように病院での輸液が必要である。某日午後、病院への付き添いを依頼され、母親を病院へ連れて行く。その際、Aちゃんも一緒に病院へついて行くことになった。病院でAちゃんは一言も話さず、ずっと母親の側にいて医者の処置を見ている。医者と看護師は母親に向かって、「少しでも食べたり飲んだりする努力をしてください」と話していた。

ゼリー飲料を欲しがるAちゃん：翌日午前、Aちゃんが避難所本部（援助品等受け渡し窓口）に来る。対応した学生にAちゃんはゼリー飲料を求めた。学生は決まり通りにゼリー飲料を1つ渡そうとしたがAちゃんは納得せず4種類全てを持っていこうとする。困った学生が相談に来たため対応を代わる。Aちゃんは4種類全てのゼリー飲料を握ったまま涙目で離さないため、理由を尋ねると「どうしても欲しい」の一点張りで説明が難しいようだ。状況が分からないため、とりあえずAちゃんに4種類のゼリー飲料を持たせて後をついてくることにした。Aちゃんは乳児室で横になっている母親の元に戻り、側に座ってゼリー飲料を見せて「飲んで」と言う。母親は横になったまま「何もいらない」と拒否するが、Aちゃんは何度も「飲んで」と繰り返す。根負けした母親は1つゼリー飲料を手に取り、一口飲み込んだ。その姿を見たAちゃんは笑顔になり、残り3つのゼリー飲料を返してくれた。

考察：Aちゃんは自分のためではなく、母親のためにゼリー飲料が欲しかったということが分かった。ただそれを言葉で説明するのが難しかったのだ。前日に輸液を受ける母親の横で、医師や看護師が「少しでも食べたり飲んだりする努力をしてください」と言っていたことを聞いて理解していた可能性があり、このような行動につながったのではないだろうか。

　Aちゃんの事例からは、それまで「守られる」ばかりであった立場から、一転して母親を「守る」という立場に役割の転換が起こったことが考えられます。Aちゃんにとって母親の存在はただ一人の家族であり、その家族を守るためにその時できるだけの知恵を絞っています。固形物の食べ物も選べた中でゼリー飲料を選択し、味も4種類全部を持ち出し、母親に飲んでもらえるように選ばせた姿にAちゃんなりの「しなやかさ」と「強さ」を感じた事例でした。

2-4　子どもの姿から見えてくるレジリエンス（しなやかさ）

　避難所における子どもの姿から見えてきたのは、「震度当てクイズ」のようにトラウマやPTSDにつながりかねないような連続する余震それ自体を遊びに転化し、揺れを冷静に受け止め判断し、さらに他者との感覚共有を通した「今ある状況」へ柔軟に対応しようとするしなやかさでした。このような災害時における子どもの遊びについては、天野（2011）[7]の報告にある「地震ごっこ」に通じ、いわゆる「自己治癒遊び（小林，2011）[8]」と捉えることができるでしょう。

　Aちゃんの事例からは、いつも「守られる立場」という姿から、母親を「守る立場」という主客の交代が誰に言われるでもなく自然な行動として現れてきていました。Aちゃん自身は、母親を守っているという意識はなかったかもしれませんが、結果として母親の"いのち"を守る方法をAちゃんは考え、行動に移しており、そこに「しなやかさ」と「強さ」を見出すことができました。

　これら避難所における子どもの姿から、災害時下という非日常の中であっても、子どもの持つ根源的な「生きる力」のあり方を考えさせられます。つまりそれは、「"いのち"を中心においた、自分を生かし、他者を生かそうとする力」であると考えます。田爪（2018）[9]は文部科学省日本ユネスコ国内委員会のESD実施のために必要な2つの観点を用い、他者や社会との関わりやつながりを尊重する姿勢に関する教育的課題の1つを「自分自身と他者、さらには自然環境における"いのち"について考えること」と述べています。このことは災害時下にあったとしても子どもの中に芽生えるということが事例を通して見えてきました。だからこそ我々保育者は、子どもの安心安全を守りつつ、子どもの中に生起する「生きる力」を大切に育てていかなければならないと思います。

3　被災地域の保育を支える

3-1　熊本豪雨災害と保育所

　近年、繰り返される豪雨災害は、我が国のどこでも発生し得る可能性が高くなっています。熊本県でも2020年7月20日早朝に発生した豪雨災害は、県南部の球磨川流域に集中した被害を出し、直接死65名、行方不明2名という人的被害と9,919戸（棟）の家屋や建物に被害が出ました（熊本県，2021）[10]。この内、保育所の被害は、八代（2）、水俣・芦北（6）、人吉・球磨（6）、天草（2）の合計16箇所（2020年8月26日現在）です。

　現地を調査した宮里・上原（2020）[11]は、被害状況を詳細に報告するとともに、「職員も被災されている。自宅の片付けと保育の業務とで疲弊される前に、代わりの者が入り、

安心して自宅の片付け作業に入ることや、心身を休める時間を得られるように、保育のサポート体制が必要」と述べています。

　この記述から浮かび上がるのは、被災者が被災者をケアするという姿と、その限界についての言及です。災害後の片付けのために保育の要望は通常以上に高く、一方で被災者である保育者もまた災害後の片付けの必要や家族の世話があり、その過重な負担が保育者を圧迫している姿が浮かび上がってきます。このような場合、福祉関連施設に対してDCAT（災害派遣福祉チーム）の介入・調整が行われますが、今回「保育」に関しては行われなかったようです（熊本県, 2020）[12]。また新型コロナウィルス感染症流行拡大期にも当たり、人的支援を多く受け入れることができなかったという二重の災害と考えられるでしょう。

3-2　地域と広域で支えた保育

　西瀬地区は、中央部を流失した西瀬橋とともに県道が崩落し一時孤立しました。ここでは被災当初より民間団体の人吉コミュニティ事務局にじのおとが精力的に活動し、西瀬災害支援ステーションを立ち上げ、支援物資の管理・配布を行っています。また、人吉市内で子ども食堂を運営する等の実績があったため、熊本県内の子ども食堂ネットワークとのつながりがあり、プロパンガス等と合わせた調理器具一式が貸与されました。それらの資材や人的資源を得て、西瀬地区より内陸にある永野町公民館において平日以外の子どもの預かりが実現することとなりました。写真8にあるのは、被災から1か月経過の状況です。近隣の住民とボランティアが一緒になって昼食を作り、一部は復興作業を行っている保護者らに届けられ、残りは預かっている子どもへの昼食（写真9）となりました。

写真8　永野町公民館で昼食を作るボランティアと　　写真9　永野町公民館で昼食
　　　住民　　　　　　　　　　　　　　　　　　　　　　　　をとる子ども

　この日の預かりは2歳から小学5年生までの9名で、熊本市内の保育所から応援に入っていた3名の保育者と一緒にお昼ご飯の食卓を囲みました。午後も保育者見守りのもと、

それぞれに遊ぶという姿が見られました。

　復興期においては週末の保育需要が高まります。これは保護者が仕事のない週末に集中して片付けを行うためで、その際の子どもの居場所と食事の必要が生じるからです。また被災地では、大人の目が届かない場所において子どもだけで遊ぶことの危険もあり、この点に関しても本事例のように地域で保育を支える必要があったのです。ここでは被害のなかった熊本市内の保育所から継続的に保育者が派遣されており、保育所ではない場所への定期的な保育者派遣という点において、柔軟な対応が取られた事例であると言えるでしょう。

4　被災地域の保育を継続するために

　本章では、熊本地震と豪雨災害における事例をもとに、ESDの持続可能な社会を支える後継者（担い手づくり）の大前提である「子どもの"いのち"を守ること」という視点から災害時における「保育所の役割」と「子どもの姿」について考えてきました。

　「1　熊本地震と保育所」で述べたように、保育所が避難所として機能する場合、小さな子どものいる家庭や子どもにとって何より安心のできる場所となり、安全な場と食という「"いのち"を守る」環境を保育所が提供できる可能性が高いということが明らかとなりました。ただしそのためには、①施設・設備、②ライフライン、③物資、④近隣との関係性と社会的ネットワーク、⑤人的資源という各資源を確保できるか、または平時より確保できているかが求められるでしょう。

　また人的資源に関しては、保育者もそれに相当しますが、被災地においては被災者が被災者をケアする状態となります。その場合、保育者のケアをどのように行えばいいのかといった検討も今後必要となってくるでしょう。それは地域レベル、県や国といったレベルの検討も合わせて行われるべきで、例えばDMAT（災害派遣医療チーム）のように、被災地以外から専門職が入り、ニーズを汲み上げ中長期的な支援につなげていくようなことも必要です。熊本地震や豪雨災害の際、DCAT（災害派遣福祉チーム）が福祉施設等へ入っていますが、主に高齢者施設や障害者施設だったこと（八木、2018）[13]から、今後は被災地の保育を支える専門職の広域派遣を行えるような仕組みづくりも必要であると考えます。

引用文献
　(1) これからの地域課題と保育所の機能，地域における子育て支援：第7分科会；これからの地域課題と保育所の機能「全国保育士会研究紀要（31）」西原明優，194-203，2021年
　(2) 自然への備え「二度の震度7の熊本地震―保育所が私設避難所になって―」，会報ぜんほきょう8

月号，全国保育協議会，建川美徳，2017 年

(3) 2016 年 4 月熊本地震車中避難者調査報告書，こころをつなぐよか隊ネット，21-22，2016 年

(4) ESD に関する国際的な動向『持続可能な社会をつくる日本の保育』冨田久枝，かもがわ出版，7-17，2018 年

(5) 大学内にインクルーシブな避難所を開設 家族・地域を丸ごと受け入れた熊本学園大学の取り組み「労働の科学 72 巻 3 号」宮北隆志，14-19，2017 年

(6) 避難所での子ども支援『平成 28 年熊本地震大学避難所 障がい者を受け入れた熊本学園大学震災避難所運営の記録』長友敬一，熊本日日新聞社，56-64，2017 年

(7) 被災地での子どもの遊び支援＝被災地での事前調査を踏まえて「こども環境学研究 7 (2)」天野秀明，84-85，2011 年

(8) 震災後の子どもに対する心理支援：教師と支援者のための電子メール相談とキャンプを通して「EMDR 研究 5 (1)」小林正幸，30-36，2013 年

(9) ESD からみた子どもの発達とその支援『持続可能な社会をつくる日本の保育』田爪宏二，かもがわ出版，31-45，2018 年

(10) 令和 2 年 7 月豪雨に関する被害状況について（報道資料），熊本県，2021 年
https://www.pref.kumamoto.jp/uploaded/life/74612_220534_misc.pdf

(11) 2020 年 7 月熊本豪雨 自然と折りあいながら作る里山保育「季刊保育問題研究 No.306」宮里六郎・上原真幸，159-173，2020 年

(12) 令和 2 年 7 月豪雨に係る災害対策本部会議（第 28 回資料），熊本県災害対策本部，2020 年
https://www.pref.kumamoto.jp/uploaded/attachment/109980.pdf

(13) 熊本地震における DCAT（災害派遣福祉チーム）に関する研究（第 1 報）「ライフデザイン学紀要 13」八木裕子，349-357，2018 年

わが国の保育実践のあゆみにみられる SDGs/ESD ～「遊戯教材」に焦点をあてて

名須川 知子

1 明治期からの唱歌遊戯教材にみえるSDGs/ESDの芽生え

　わが国の保育実践を振り返ると、多くの教材が、自然環境から取材したものであることがわかります。それは、日頃の自然環境として、海や山があり、四季折々の美しさを伴うという地域特性もありますが、保育者がその特性から保育教材を考案してきたということにもよるのです。それは、自然栽培やそこから生まれるお話、絵本等多岐にわたる教材に影響をしています。本章では、保育実践者が創りあげた保育教材として、歌を伴う「お遊戯」教材の史的変遷を概観することで、そのあゆみを見ていきたいと思います。

1-1 翻訳遊戯から明治初期にみられる作品題材

　明治初期の幼稚園開設にあたって何を子どもたちと一緒に楽しみ、何を教育したらよいのか、当時の学校教育の歩みと同じ時期にスタートした幼児教育としても、その保育内容を考えることはとても難しかったようです。明治初期の保育内容のお遊戯である唱歌遊戯作品は、主に欧州からの移入によるもので翻訳された遊戯が中心でした。明治5（1872）年わが国の学制が公布されましたが、当初は、例えば、音楽という教科はあっても「当分コレヲ欠く」とされ、実質的には開講されていませんでした[(1)]。一方、幼稚園教育は、明治9年に女子師範学校（現お茶の水女子大学）で開始されました。そこでは、唱歌遊戯として雅楽寮で編纂された曲にあわせて身体を動かす「遊嬉」がはじまっておりました。このことについて、明治7（1874）年のアメリカの幼稚園について報告書が残されています。すなわち、子どもたちの教材として「天然ノカヲ借リ」、いわゆる自然からの力という意

味で、風の力である「風車」、水の力である「水車」、空を飛ぶ鳥「カラス」や、川を泳ぐ魚の様子やカエルといった「かわず」や、「農夫」が種を撒き、草を刈り、穂を打ち等の様子を「遊嬉」作品にして、歌や曲にあわせて身体をつかって動くことからその思いを知ることができるとされています[2]。

　また、これらの題材を参考にして雅楽調の唱歌遊戯が生まれ、そこから示唆を得て子どもの目の前にいる保育者がわかりやすい唱歌遊戯を創作していくのです。その状況について、倉橋惣三は当時を振り返りながら「むしろこの時代にあって捜索を試みた保姆諸氏の力こそ感激なしには追想せらない」[3]と述べています。

　当時の唱歌遊戯の実際は、伊澤修二が創作した「蝶々」「開いた開いた」等が大いに用いられるようになります。彼はフレーベルの影響を受け「子供の心情にたち入り、子供の楽となり、子供の為になるものであるべき眞理は變らないのです。」と述べ、この作品を紹介しています。この「蝶々」は、伊澤がアメリカのボート漕ぎの曲に日本の蝶々の歌詞を付して「胡蝶」として示しています。この題材は、雅楽にも歌舞伎にもみられますが、江戸の頃から各地域で蝶々を模した遊びが様々な形で見られており、伊澤修二もこれらをヒントとして、子どものための作品をつくったのではないか、とされています。この蝶々の曲は、現在でも受け継がれています[4]。

1-2　明治後期にみられる作品題材

　このように明治初期にみられた題材はその後も継続して歌い継がれ、教材として生き続けています。その題材は、「蝶々」「月」「からす」といった自然環境から取材した作品が多くみられました。明治20（1887）年の大村芳樹の『音楽の枝折』にも同じ作品があり、お遊戯として掲載されています。その遊びの内容は、曲にあわせて歌いながら、二人組が喋々の形を模して、別の子どもが手でお花を模して座っている周辺をまわっていくというものです。

　さらに、自然から取材した唱歌遊戯としては、吉井栄が明治36（1903）年に「お月様」を創作しています。この曲の前半では、集団で手をつないで「み日月」や「まん月」の形をつくって、行進をしながら隊型変化をするという描写的な動きをします。後半の「日本中をてらす」という歌詞の所では、各自が拍手をして両腕を大きくまわすという身振り動作をします。この当時の楽譜は数字譜であり、拍子で区切られた洋楽調の曲になっています。

　しかし、この頃からわが国の日清・日露戦争という社会的な影響を受けて、同時に明治23（1890）年公布の「教育勅語」の浸透を意図した歴史上の人物への敬意をもたせる唱歌遊戯や、忠義を尽くす精神論的な戦意を鼓舞しようとする題材もあらわれてきます。例えば、「雀と烏」（明治35（1902）年）の作品は、題材は鳥ですが、その歌詞は「雀、す

ずめ、雀はなんといふて鳴くか、天子様に忠々忠、皇后様に忠々忠」「烏々、からすはなんといふてなくか、おとう様に孝々々、おかあ様に孝々々」と忠孝の精神をうたったものです。その動きは、敬礼と共に両手を羽のように動かしたりする、というように、子どもたちにわかりやすいように振り付けています。

　このように、現在書物に残っている明治期に創作された全223作品中95作品、すなわち全体の４割以上の題材が、自然環境や植物、動物から採取したものです[5]。作品の題材について、「先ず如何なる題目が、幼児の興味を惹起するに適して居るか、を熟考することが必要」とされ、自然界の現象については幼児が「奇妙な感を與え最も深い趣味を與ふる題目であります……（中略）又、動物に対しては、之を自分等と同等のものとして、交際いたしますから、日常親近ば鳥獣魚類などと関するもの、亦興味のある題目であります」と、その意義を述べています[6]。

　以上、明治期幼稚園での唱歌遊戯は、子どもの興味関心のある自然界等からの題材を多く用いていることがわかります。

1-3　大正期にみられる作品題材

　大正期は、「赤い鳥」運動に代表される児童中心主義が隆盛となり、世界的にも「新教育」の流れで教育界に大きな変革が生まれた時期です。中でも代表的な人物として土川五郎を挙げることができます。土川の遊戯観は、自然から感じるリズムとそこから生まれた歌詞の感じや、幼児の自然な遊びの動きから生まれる振り付けをできるだけ全身をつかった大きな動きへと工夫したとされています[7]。このことについて、後年にも「大正６年文部省の保育講習会で公開された彼の律動遊戯は、従来の幼稚園における形式主義的な集団遊戯の型を全く打破するもの」と高く評価されています[8]。

　土川は大正７（1918）年にリズムについて「詩の心は音楽なり、音楽の父はリズムなり、リズムの父は神なり。云いかへて見れば神又は自然はリズムを生み、リズムは音楽を生むと云う事で、自然は完全な節奏をかなで古代の神秘の詩を唄いつゝ廻って居る、自然のリズムは海にも陸にも、地の上にも亦地の下にも働いて居るのである。」[9]と述べ、リズムを生み出した自然、そして神を感じていると述べています。

　また、子どもについて「要するに表情遊戯は其歌曲の幼児に適したるもので且つ表情に最都合のよいものを撰んで其表情の仕方を自然的に表情的に然も幼兒本位に表出させたい」としています[10]。このように、大正から昭和にかけての土川が『幼児の教育』に掲載した91作品の題材の中では、子どもの遊びに関するものが24作品、小動物や虫に関するものが18作品、自然現象、自然物に関するものが14作品あります[11]。自然からの題材としては、夕立、海、お日様、お星様、雨、雪、といった自然現象や、櫻、紅葉、木の葉、

すみれ、たんぽぽという植物の他、蛍、てふてふ、蛙、蜘蛛、ヒヨコ、鳩、雀、雲雀、緋鯉、兎、犬、仔馬といった小動物を取り扱ったものがあります。いずれも幼児の日常生活に関わりのあるものからの題材となっています。

　一方、当時の児童文化の教材として現代でも評価のある『コドモノクニ』に42作品を掲載しており、「雨ふり雲」「こんがりお月さん」「あの山この山」といった自然を対象としたものやメダカ、おたまじゃくし、蜥蜴、ねずみ、鶏、狐、鳥、牛を題材した作品が見られます。また、これらの歌詞を西條八十、野口雨情、北原白秋がつくり、曲は中山晋平であり、絵は岡本帰一という今でも名を残している当時の逸人と共に、歌と振りと絵本といった、総合的な表現として示されています。土川は当時の芸術教育運動の主要なメンバーの一人でありました[12]。このことから、「童謡遊戯」という名称で多くの作品がつくられていきました。当時、岸邉福雄は、これまでのような「窮屈」な唱歌遊戯ではなく、「溌剌たる気分で踊る」ものとして童謡遊戯を賞賛しています[13]。

　以上、大正期にも自然に親しむ作品題材を継承し、全身をつかって踊るお遊戯と絵本へ、子どもの自然な発露を児童文化にまで洗練されていった作風は、次の時代にも引き継がれていきます。

2　昭和期の戸倉ハル作品にみられるSDGs/ESD

　幼児教育史上、もっとも影響力のある倉橋惣三と同時代に生きた戸倉ハルは、昭和11（1936）年頃から幼児を対象とした作品を創作開始し、ダンス廃止論がなされた昭和16（1941）年から第2次世界大戦を経て、教育が大きく変革した戦後にかけて活躍しました。本節では、第二次世界大戦前後に分けて、戸倉ハルの遊戯作品を中心に題材について見ていきます。

2-1　戦前の戸倉作品の題材

　戸倉は、子どものお遊戯について、「童謡、あるいは唱歌遊戯」と「行進遊戯」を分けて、「童謡は純な子供の自然観照から産み出された一つの詩であるならば、童謡遊戯はその純な詩に沿って意味づけられた一つの物語である」[14]と述べています。また、行進遊戯については歌いながら列になって歩行移動するものであり、いろいろな隊形をつくることで、「渦巻行進」や「円形行進」といった名称を付しています。中でも当時ますます盛んになってきた童謡遊戯について、戸倉は教育上よいことであると評価しており、自らも童謡遊戯として20作品の紹介をしています。そして、これまで以上に子どもの能動性や自然性を

大切にすることを指摘しています[15]。

　昭和2（1927）年から18（1943）年にかけての戸倉作品は全部で102作品ありますが、その題材の中で自然現象に関するものが22作品です。具体的には、月、雪、あられ、四季、夕日、空、といった自然現象、さくら、木の葉、月見草、菊、もみぢといった植物、からす、鯉、かたつむり、すずめ、狐、ひばり、蛙、ばった等小動物を題材にした作品が見られます。例えば、昭和16年に発表された「バッタみつけた」の作品は、倉橋惣三の作詞に服部正が曲をつけ、戸倉ハルが振りである身体の動き（以下、動き）をつけたものです。

　以下に、紹介しましょう。「　　」内は歌詞で、その横に動きを記載しています。

　　（準備）二人組となり、自由な隊形に配置する。
　　（歌詞と動き）ばったをみつけた喜びと感激をもって
　　「ばったみつけた」両肘を口許にとって、膝を曲げ二人互に呼び合う様子をする。
　　「くさのなか」体前で拍手一回して、其の手をおろす。
　　「しづかにだまって」両肘を体前から上に挙げ横にまわし動作を三回行ひながら忍び
　　　　　　　　　　足で左足から三歩前に出る。「あって」は右足を前に踏み出した
　　　　　　　　　　まま上体を前に傾け耳を澄ます様子をする。
　　「そをつとねらって」左足に体重をかけ、体を後に倒し、両肘を前から上に挙げる。
　　「て」の時、両肘を床について、かがんで捕らえる様子をする。
　　「ああ」立ち上がりながら、二人は顔を見合わせて体前で拍手を二回する。
　　「とんだ」更に拍手を三回続ける。
　　「ぱっととんで」両肘を後下へ伸ばし羽をつくり、両脚で二回跳びながら前に進む。
　　「いっちゃった」羽を作ったままで、右脚を後に挙げて左脚で三回跳びながら、更に
　　　　　　　　　　前に進む。

　倉橋は、子どもがばったを見つけた時の喜びと感激をもって歌い、「ああとんだ」のところは、がっかりした心持ちで歌うようにと注釈をつけています。このように、ただお遊戯を形として実施するのではなく、子どものその時の気持ちを十分に想像していくことで子どもの世界を大人も味わい、共にお遊戯を楽しむことを大切にしていることがわかります。

　戸倉作品の中で自然題材を振りにする際、例えば「雨がぱらぱら落ちるよう」や「雪のチラチラ降る様子」について、軽く手首を動かしながら下におろして膝を屈げて雪がチラチラ降る様子をあらわすといったような振りとしての動きが示されています。これは、「星の輝くやう」「春風のそよそよ吹き渡る様」も同様に自然の状況を手や指、手首、腕といっ

た身体の部位での細かな動きと結びつけたものとなっています。また、すべての作品の振りには、そのものの感じや振りを行う際の心情である動きに感情を介在させることも特色として挙げることができます。

　作品の中の小動物の様子の題材では、「ばったみつけた」の作品に見られるように、虫そのものを模倣するのではなく、例えば、馬の様子では、「両肘をまえに挙げ、スキップで前進する」といった動きのように、馬にのっている様子や馬のリズムをあらわすものとなっています。加えて、月や空のような周囲の自然のものに関する表現は、「体前で拍手しながら現れ出た満月を眺める様に」や「右手で左方向を指しながら其の方向を眺める」といった子どもが見る方向や指し示す動きによって、あたかもそれ自体が実在するかのような表現をする方法がとられています。

　そして、戸倉は、いずれの表現についても大人が教え込むような技巧的な動きは子どもの心情に沿っていないものとして批判しています。そのことは、倉橋との座談会で「遊戯はもっと素朴で簡単で、一刀彫の様であり度い。もっと子供の自由表現の余地をあらしめ度い」と言われたことについて、「先生のこのお言葉は、実にあの粗朴な子供心そのものを示されたものとして、私の胸に食い入った」[16]と述べています。この言葉を体現するものとして、戸倉の遊戯作品は、型のきまった「お遊戯」として批判されることもありますが、遊戯曲集には「ここは自由に」や「ここは思ひ思ひの方向に」といった解説が40か所にみられます。今でも実施されている「はとぽっぽ体操」の指導上の注意には、「形式にとらわれないで表現動作として伸び伸び大きく運動させる」といった解説があります。また、他の遊戯作品についても「其の要点だけ授けて、あとは子供の想像に任せて自由に創造の天地を与えてやりますと十人十色の創作が生れて、大へん面白いものであります」[17]というように、「是非とも、どんな教材でも、教授の際子供の領分として創造の餘地を残して置いてやりたい」[18]と述べています。

　このように、戦前の戸倉作品の題材には、子どもの思いに馳せてその気持ちである心情を基底とした子どもへの眼差しを見出すことができます。

2-2　戦後の戸倉作品にみられるESD

　戸倉の作品は昭和24（1949）年から同43（1968）年まで30余冊の遊戯集として発刊されています。そこでは、全595作品を発表しています。昭和24年の著書の序文に「さきに文部省から指導要綱が出ました。従来の行進遊戯、唱歌遊戯という名前をがらりとすてて、一躍ダンスとなりました」と記され、「まことによろこばしい事」と述べています[19]。そして、幼児の教育については、「幼稚園において遊戯、遊び、リズム遊戯と呼ばれているものは、いずれもつまりは『ダンス』です。」と述べ、表現を主とした動きをリ

ズミカルに取り扱うとしています。さらに、作品の題材については、「子供たちの知っているものを種々取材して、自然の美しさ、動植物との親しみ、機械への憧れなどに子供の眼を向けさせ、情緒的な感情を涵養する」ことであると明記しています。

　題目の中でもっとも多いのが、小動物、虫に関するもので、全595作品中153作品あり、全体の25%以上を占めています。例えば、うさぎ、かえる、からす、すずめ、ちょうちょ、はちなど、日常生活の中で子どもが目にするものが多くみられます。また、動きの特徴について、「子どもはうごくものがもっともすきであり、うごかない表現は、なかなかむずかしい」[20]と述べているように、子ども自身の気持ちになって題材を選択し、その動きの特徴をつかんだ遊戯作品をつくろうとしていることがうかがわれます。

　ここで、昭和24（1949）年に出版された「ぶんぶんぶん」の作品を紹介しましょう。現在でも歌い継がれている曲で、ボヘミア民謡によるとされています。

　「　　」は歌詞でその横に動きを記載しています。

ぶんぶんぶん
　互に肩に手をかけながら円心に三歩進み、はちの巣の様子をする。
はちがとぶ

（準備）十人位の小円をつくる。

（歌詞と動き）

（一）

「ぶんぶんぶん」両手をよこにあげて、軽く上下に三回ふる。

「はちがとぶ」両手を後にあげて、其の場を左から音どおり歩いて一廻りする。

「おいけのまわりに のばらがさいたよ」互に両手をつないで円周を左の方に音どおり
　　　　　　　　　　　　　　　　　　に歩く、五歩後にさがって、もとのところへ
　　　　　　　　　　　　　　　　　　かえる。

「ぶんぶんぶん」互に肩に手をかけながら円心に三歩進み、はちの巣の様子をする。

「はちがとぶ」五歩さがって、もとのところへかえる。

（二）

「ぶんぶんぶんはちがとぶ」（一）番の「ぶんぶんぶん　はちがとぶ」の動作をする。

「あさつゆきらきら のはらがゆれるよ」左にむきをかえ頭の上で、両手で花をつくり、
　　　　　　　　　　　　　　　　　　円周上を音通りに歩く。

「ぶんぶんぶんはちがとぶ」（一）番の終りの「ぶんぶんぶんはちがとぶ」の動作をする。

このような、歌詞にあわせた動きとは別バージョンで、同じ曲にあわせて、拍手と足踏み、スキップの組み合わせで「優しく自由に取り扱う」遊戯[21]の動きも紹介されています。いずれも自然題材をもとに旋律とリズムを活かして、歩いたり、スキップしたりという動きを取り入れた表現の方法で、子どもがすぐに動きができ「子どもの心を素直にそのまま歌っている」ことを大切にしていると述べています[22]。

また、加えてわが国古来の「わらべうた」にも着目しています。わらべうたについては、「歌の中には、たくさんの呼びかけが一曲の中に何回もあって、わらべうたでなければ見られない面白さがあります」や「わらべうたは、その土地によって歌詞や、旋律や、リズムに多少の違いがみられます。（中略）子供たちにも、単純なこれらの遊びが、本当に喜ばれ、その生活の中に、しっくりとけこんでいます」と述べています[23]。

このように、子どもの生活から取材した題材はリズムを基本として、歌にあわせて身体の動きの「振り付け」によってより楽しさを増した作品として長く保育の現場で実践されていきました。

3　戸倉作品における動きの特徴

なぜ、戸倉作品は当時の保育会の一世を風靡したのでしょうか。それは作品における動きに特徴があったからだと推測されます。戦後の595作品を分析した結果、動きの特徴

として、次の5点を挙げることができます。

　第1に、事物の様子を具体的な身体の動きであらわしていること、例えば、「鳥の様子」では、両手で鳥の羽をあらわしたり、「魚の様子」では頭と尾の様子をあらわしたりする、といった動きを模倣することから、「走る」「スキップ」「両足跳び」という全身の動きを使って表現するものが多く、子どもたちは詳細な動きを覚えることなくそのものになりきって動くことができます。また、「自然物の様子」では、手のひらや指を使った細かい振りが見られ、「お日さま」では、「両手を両耳脇にとってきらきら動かしながら」あらわしたり、「星」では、「五指をきらきらさせて星の様子をあらわす」「両手をにぎって上にあげ、ぱっと手をひらき、星のきらめく様子をあらわす」や「月」では、「片手をまるく頭上にあげ三日月の様子」としてあらわしたりしています。このように、そのものの形だけを模倣するのではなく、そのものが動く様子をあらわすことや植物でも木の葉の動きや植物の成長の様子を全身であらわすといったものになっています。

　第2の特色として、前述したような実在しないものの表現の方法が挙げられます。特に「指さし」をする動きは11か所に見られ、例えば「右手で斜上を指さしておろし、むこうのおやまを表す」や「逃げられたせみとりは、せみのとんで行く方を見る」ように、その行方を追うというような視線であたかもそれが実在しているかのように表すという表現の方法が見られます。この動きは、作品として、そこはかとない情緒を感じさせ、戸倉作品の作風を示しています。

　第3の特色として、「～の心情をあらわす」といった心持ちを示す感情を介する動きがみられるところです。例えば、「のどかに」という注釈がついているところでは、「月を見ながらのどかにうたいながらたのしむ」や「たのしく」では、「雪のふる様子をたのしく」や「表現としても子供の心のままに楽しく行わせる」のように個々の動きの感情だけではなく、表現をすることで楽しさを再現することを示しています。また、「嬉しそうに」では、「すずめは、はばたきながらおじいさんのまわりを嬉しそうにとびまわる」としています。このように、ただその題材の動きをするだけではなく、気持ちを込めて動く大切さを示しています。

　第4の特色として、歌詞に沿った「あて振り」と言われる動きがあることです。花を表す方法は全体の作品の中で28か所あります。「両手で頭上に花をつくる」「両手で花をつくってかがむ」の他、「花を左、右、左に静かにゆらす」や「体前に桃の花をつくり、左右にゆれる」といった花を動かす内容も提示されています。簡単に出来る動きは、子どもがすぐになりきることができ、動きを楽しめるという自由さがみられます。というのは、全て自由に動くのであれば、どのようにしたらいいのかわからず、かえって不自由になってしまいます。かといって細かな動き方を指示されると表面的に形を覚えるだけのものに

なってしまいがちです。

　第5の特色でもある「自由な」という言葉が使われている箇所は、戦前の作品にも見られた「自由な方向性へ行く」のような説明のほか、「きのこ、どんぐり、落ち葉について自由に表現させる」や「自由隊形で蝶々の子どもをきめる」や、「自由に周囲の花をつみにいく」といった記述がみられます。さらに、「ここは子供にまかせて行うとおもしろい」や「二羽の小鳥が話をする様子を工夫させる」や「雨の動作を考えさせる」というように、全体の大きな動きの指示はありますが、それ以外のところは子どもにまかせ、工夫させて考える余地があるものとなっています。

　それは、前述したように、戸倉が倉橋に指摘された「一刀彫りで彫られたようであってほしい」という動きにふさわしく、動きは大きく指示するが実際にその動きに息を吹き込み、生命を与えるのは子ども自身であるということを示していると思われます。教師自身もそのことを意識して遊戯を捉えていくことを伝えるべきであると言えるでしょう。

4　わが国の保育内容史「お遊戯」におけるESD/SDGs

　これまで、遊戯史におけるESD、すなわち持続可能性という観点で、保育内容の「お遊戯」に焦点をあてて述べてきました。まず、子どもの保育内容のお遊戯の作品題材として、明治初期から自然のものを題材にした作品が移入され、翻訳されたことを契機に、子どもの身近な自然、生活からの題材による作品が多く創作されていったことが明らかとなりました。この傾向は現代まで継続されていることであり、持続可能な自然環境を意識していることがわかりました。そこには、常に子どもの生活世界を中心に考えていくという保育者の姿勢があらわれていると思います。しかも、その気持ちは、まず、自然の中でのびのびと活動する子どもの心情をおもんばかり、その子どもの気持ちに共感して、さらにその気持ちを良い方向に涵養するために作品をつくっていこうとした保育者の心持ちを読み取ることができます。

　これらのお遊戯の変遷を見ることで、当時の保育者が身体の動きを通して、その動きの中に見られるリズムを子どもの生命の躍動感としてとらえて、子どもたちが生き生きと、目を輝かせて楽しく躍動する姿を保育の中にいつも求めていたという保育者の眼差し、保育への意思も伝わってきました。

　ここで、持続可能な継承について考えるにあたり、それは、自然環境やその中で生かされている生物としての人間の在り様を説明するだけではなく、大人から見る子どもについて、子どもからの視点としての、すなわち子どもの心情に沿った、眼差しを中心とした心

持ちをもって、形を受け継いでいくものであること、ということをしっかりとつかむことが出来たと考えます。持続可能性は、何かを伝えるのではなく、どう行動するかということだと言われますが、それだけではなく、子どもの生きる権利を保障し、子どもが参画して日々を過ごし、創り上げていこうとする未来へ向かう力となるものだと改めて確認することが出来ました。

　ESD/SDGsの根源ともいうべき事柄と、お遊戯を通した子どもの人権のつながりについて遊戯史の見直しから示唆を得ることができました。その上で、これからの保育の中で持続可能な方向性をさぐっていく重要性を意識して、歩んでいけたらと願っています。

引用文献

(1) 真篠将：『真篠将　音楽教育を語る』真篠将先生退官記念著作集　音楽の友社　1986年 38頁
(2) 文部省：「幼稚園演習方法ノ注解」『文部省雑誌』第27號　1875年 19～21頁
(3) 倉橋惣三他：『日本幼稚園史』　臨川書店　1980年（復刻版）232頁
(4) 外山友子：『Ⅱ「保育唱歌」と「蝶々」』ヤノオフセット　1997年 66頁
(5) 名須川知子：『唱歌遊戯作品における身体表現の変遷』　風間書房　2004年 58頁
(6) 矢野鐘二：『唱歌遊戯の友』宝文館　1905年 4～5頁
(7) 前掲書（5）111頁
(8) 水野浩志：『保育に生きた人々』風媒社　1971年 252頁
(9) 土川五郎：『律動的表情遊戯』律動遊戯研究所　大空社　1990年（復刻版）2頁
(10) 土川五郎：「幼稚園の遊戯に就て」『婦人と子ども』17巻9号　1917年 332頁
(11) 前掲書（5）118頁
(12) 前掲書（8）252頁
(13) 岸邊福雄：「童謡踊」『藝術自由教育』　久山社　1993年（復刻版）70～72頁
(14) 戸倉ハル：「童謡遊戯について」『幼児の教育』27巻11号　1927年 45頁
(15) 名須川知子：「保育内容「表現」の史的変遷―昭和前期・戸倉ハルを中心に―」兵庫教育大学研究紀要20巻第1分冊　兵庫教育大学　2000年 123頁
(16) 戸倉ハル：「幼児の心にかへりて」『幼児の教育』33巻8，9号　1933年 91頁
(17) 戸倉ハル：「夏休みの講習を前にして」『幼児の教育』34巻7号　1934年 24頁
(18) 戸倉ハル：「幼稚園に於ける唱歌遊戯」『師範大學講座體育第11巻』建文館　1936年 17頁
(19) 戸倉ハル、鈴木綾子：『小学校ダンスの実際指導』学芸図書出版社（復刻版）1949年序
(20) 同上　162頁
(21) 戸倉ハル、小林つや江：『一年生音楽とリズム遊戯』教育科学社　1942年 80頁、挿絵は同書77頁から引用
(22) 戸倉ハル：「幼稚園のダンスについて」周郷博、酒田富蔵編『幼年教育のための音楽リズム』国民図書刊行会　1957年 141頁
(23) 戸倉ハル、小林つや江：『わらべうたとあそび』不昧堂　1951年はしがき

第8章

疎開保育にみる多様性の受容と子どもの権利

西脇二葉

1　戦争のなかの保育─疎開保育園の始まり─

　保育の原理は、子どもの命を護ること。そして保育者の使命とは、自分で自分の命を護ることのできない子どもにかわり、清潔で安心な環境を整えることにあります。

　そして、その子どもとは人類にとって幸福な未来の象徴であり、かけがえのない存在です。ところが、虐待や貧困、戦争の惨禍にあり自由や命そのものを奪われている状況にいる子どもは世界中どこの国にも存在し、しかも減りません。

　子どもが不幸にある状況は、誰にとっても不幸な状況です。そして、不幸な状況の最悪なものが戦争という大人が作った状況です。どうしたら、この世から戦争をなくすことができるでしょうか。悪い大人がすべていなくなればいいのでしょうが、悪い大人もそもそもは子どもでした。そこにこそ、ESD教育の大切さと本質を込めて保育をしていく必要があると考えます。争いは、人とひと、人とモノとの関係のすべてを断絶します。戦争は、持続可能な地球全体の発展の対義語となるでしょう。

　では、戦争はなぜ、起きるのか。全人類の願いのはずなのに未だにその解は得られません。人類の学びのゴールは、争いをこの世から無くすことにあるでしょう。手段としては、歴史や他国の状況から学ぶことはとても大事ですが、他人事の話で終わってしまいがちです。実感をともなう疑似体験が有効でしょうが、それは非常に難しい学びとなります。そこで、保育者としての自分の仕事が戦争になるとどうなるのか、保育園、幼稚園はどうなるのか、というところから考えてみませんか。実感を伴う戦争理解に近づけるのではないでしょうか。

戦後の日本の中で私たちは生活していますが、この戦後という言葉は次の戦争が起きるまでの間を指します。この戦後という時間をどれだけ長く保つかが、我々大人の責務となるでしょう。そのためには、戦争というものを理解する学びが必要となります。特に子どもの命を託される保育者には、強く求められることでしょう。

　「学童疎開」という言葉とその意味を知っていますか？　私の持っている辞書には、「疎開」──空襲、火災などの被害を少なくするため、密集している建造物や住民などを分散すること、とあります。日本がアメリカに宣戦布告してからおよそ2年足らずの1944年頃には、アメリカ軍の爆撃機が盛んに日本の上空を飛び、爆弾を落としました。昼夜を問わず空襲警報というサイレンが鳴り響くようになりました。

　空襲で狙われるのは、都会です。多くの人が暮らし、重要な工場が立ち並ぶ都会には、簡単に効率よく多くの人を殺すことができるからです。空襲の前には、警報が鳴ります。この警報が鳴るたびに、防空壕という爆弾の弾除けのための穴に入ることになります。保育園の子どもたちも、午睡中だろうが遊び中だろうが警報が鳴れば保母と一緒に穴に入ることになりました。あまりにも頻繁で子どもたちの情緒も安定しなくなってきました。乳児が空襲警報を聞くと下痢が2〜3日続くという記録が残っていますが、子どもと共にいた保母には心の痛む状況になってきました。

　そこで、1944（昭和19）年11月、東京空襲を避けるため11人の保母たちが53人の園児を連れて平野村（現在の埼玉県蓮田市）の妙樂寺に集団疎開することを決めました。村人の支援を受けながら幼い園児たちを必死で守り抜いた日本で初めての疎開保育園が始まりました。この実話が2019年2月「あの日のオルガン」として映画化されました。この章では疎開保育園の主任保母として活躍した鈴木とく氏等の資料をもとに戦争によって強いられた農村における保育生活のなかで遭遇することになった、農村と都会の異なる文化の受容の過程や、子どもの人権擁護のために奔走した保育者の活動の軌跡を追っていきましょう。

2　疎開保育園開設までの経緯

　疎開保育園を運営したのは「恩賜財団大日本母子愛育会」（現在の社会福祉法人恩賜財団母子愛育会、以下「愛育会」と略記）です。愛育会は、上皇陛下の誕生を記念し昭和天皇からの御下賜金をもとに設立された児童、母性の養護と教育に関する総合研究機関であり、当時、その研究と実践の場として二つの保育園（愛育隣保館、戸越保育所）を運営していました。

首都東京が空襲を受けることが誰の目にも明らかになったこの頃、園児を1か所に集めておくことが極めて危険となり、幼稚園閉鎖令が出されました。しかしその直後（1944年7月1日〜）国は戦力を増強するため職場を離れられない親達のために戦時託児所を作りました。愛育会傘下の二つの保育所（愛育隣保館、戸越保育所）も戦時託児所となり空襲に脅かされながら防空壕の退避訓練に明け暮れていました。こうした戦時託児所に東京都だけで約5万人近くの幼児が預けられていました。小学校の学童疎開が始まるこのころ、東京の品川にあった戸越保育園の保母であった畑谷光代が、上司である保育園の施設長の森脇要に「疎開保育」を提言しました。誰もが必要なことと思いながらも行動に移すまでには至らなかったことです。非常に勇気のある行動でした。学童が疎開するのに幼児は疎開しないのはなぜか？という当然のことなのに……。

　疎開保育の提案を施設長から本部の愛育会に通すと同時に、愛育隣保館、戸越保育所の二つの保育園では家庭調査を行い、疎開保育希望者を募りました。疎開保育計画案は、すぐに出来上がったものの、場所の確保や予算といった詳細はなかなか決定されませんでした。当初、厚生省の協力を得ようとしたのですが、乳幼児を護る意識が厚生省の役人には全くなく、愛育会が直接運営することになったのです。施設長の森脇要が後に語っていますが、厚生省に交渉に行った際、担当の役人に「幼児の疎開？　妊婦だと一人で二人助けることになるから効率いいけどね。幼児だけで？　それどうやるの？」と尋ねられ、怒りを通り越して失望したということです。

　先行した学童疎開の実施には、爆撃から子どもを護るほかにも理由がありました。それは子どもがいると大人たちの消火活動の邪魔になるという理由です。つまり、戦争にとって子どもたちは、邪魔なもの、足手まといなものとする考えが政府にあったのです。けれども、同じ子どもでも学童の疎開は政府が主導で開始されたのは、幼児と違って年齢的にすぐに兵士として活用できることが見込めたからです。戦争という状況は、恐ろしい考えが横行するものです。

　ここで、疎開保育時の戦争「太平洋戦争」について簡単に整理しましょう。1941年（昭和16）年12月8日、日本はハワイの真珠湾を攻撃し、アメリカを相手に戦争を始めました。それまでは、おもに中国、朝鮮、東南アジアの国々を攻撃し、侵略してきた日本ですが、真珠湾攻撃後は、アメリカ、イギリス、オランダなどの連合国軍と戦うことになったのです。日本は、対抗するためイタリアとナチスドイツと「枢軸国」と呼ばれる同盟を結びました。これが「太平洋戦争」です。

　翌年の1942（昭和17）年6月「ミッドウェー海戦」と呼ばれる戦いで、日本海軍が敗れたことをきっかけにして、日本はじりじりと、苦しい戦争に追い込まれていきます。国民の生活は、日に日に厳しくなります。食料は不足し少ない物資を均等に分けるため「配

給」というシステムができました。塩や砂糖といった基本的な調味料をはじめ、衣服を作るための布や糸や針も配給の対象となり、何をするにも配給を受けるための行列に並ぶことになりました。自由に買い物ができない生活が始まります。子どもも大人も四六時中お腹を空かせましたが、「欲しがりません勝つまでは」と我慢を重ね、子どもたちはどんなに辛いことがあってもお国のために黙って我慢する強い『少国民』になれ、と紙芝居やラジオ、雑誌、学校の先生、親たちからも教えられて、泣き言をいうこともできない状況でした。

　この時、保育所や幼稚園は「戦時託児所」として名称が変わったように、学校も「国民学校」という名前に変更されました。「国民」、今も使うこの言葉ですが、当時は国が戦争を行うために必要な人材のことを指し、戦争に反対する者は、「非国民」と呼ばれ、戦争にいく力のない幼い者たちは、国民に少し足りない者として「少国民」と呼んでいたのです。人権意識も何もあったものではない世界観が支配する世の中でした。

　「一億総玉砕」というスローガンが掲げられ、兵士だけではなく、老人、学生、子どもたちも含めて、1人残らず死ぬまで戦おうと鼓舞されました。1944年頃には日本がこの戦争に勝てる見込みはほとんどなくなっていました。この負けるとわかっている戦争をつづけるためにこそ、日本は、こどもたちを「疎開」させたのです。なぜなら、子どもたちを安全な地方に避難させておけば、成長した後兵士として戦わせることができると国も軍部も考えたからです。

　下の図は、そうした軍事用語としての「疎開」について整理していますが、この図にはみ出すように存在したのが、「残留学童」といって、貧しい家庭の子、持病や障害を持つ

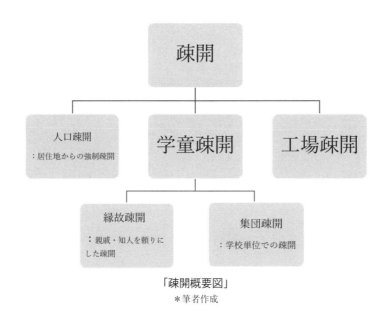

「疎開概要図」
＊筆者作成

子など、30万人以上の学童たちが危険な都市に取り残されました。そして、乳幼児はこの枠組みにさえも入ってませんでした。護られていたわけではなく、「人」としての扱いをされていなかったのです。

3　疎開保育のなかの異文化

3-1　保育園児と保母と保護者と村人とにあった異文化

　疎開した子どもたちに話を戻しましょう。疎開児は皆東京の子でしたが、東京の品川にあった戸越保育所は山の手の先進的幼稚園。対する愛育隣保館は、今はスカイツリーがそびえるおしゃれな街として有名な錦糸町にありましたが、当時は小さい工場や棟割り長屋という粗末な長屋がひしめく労働者街でした。当時の日本は、華族制度という身分社会であり格差社会にあり地域の文化差も大きく隔たっていました。この二つの保育所に所属する保母同士も子ども同士も親同士も、初めはお互いの生活感覚の違いに戸惑いました。

　それ以上のカルチャーショックは農村と東京という文化の差異にありました。身に着けている服や言動が疎開先の農村と全く異なったのです。保母という専門職に就く「職業婦人」を目の当たりにしたのも、保守的な土地柄の男性女性にかかわらず皆にとって大変なショックとなりました。さらには、そうした女性だけの集団に定期的に疎開保育児の健康診断に訪れる東京の医者と対等に意見を言い合いながら仕事をする姿などを目にすると、驚きの思いとともに違和感を持ちました。男尊女卑の時代でもあり、立派な東京の医師たちと対等に意見を述べて仕事をする女性の存在はとても驚きだったのです。

　この違和感を埋めるべく、様々な努力を保母たちは重ねました。その一つが村人との交流を図り、信頼関係を結ぶという方法でした。

3-2　村人との交流

　1944年の11月に始まった疎開保育も、翌年の4月には園児が国民学校へと入学する時期を迎えました。元園児の方の記憶では、疎開保育園からも園児6名が地元の子どもたちと一緒に国民学校へと通うことになりました。毎日お寺の近所のお姉さん（女子青年団員と呼ばれ、勤労奉仕として保育活動は認定される仕事となっていた）と一緒に、1.5キロ離れた学校に通ったそうです。登下校時に、米軍機が飛来してくることもあり、レンゲ畑に身を潜め、お寺に戻ると先生たちに「よかったわね、無事戻れたわね」と温かく迎えてもらったことをよく記憶しているそうです。この学童となった6名は、生活時間の変化に配慮され「他の園児たちとは別に生活することとなった」といいます。今でいう「小1

問題」に加えて、慣れない地で親もいないことへの思いの深さからの対応だったのでしょう。

　疎開保育園児の国民学校への入学には、地元の子どもたちからのいじめの問題も引き起こしました。村の子どもと比較して明らかにお弁当の質が異なり、見劣りするお弁当（イモ弁！！と揶揄されること）をなじられたりからかわれたりしたそうです。

　子ども同士にも大人同士にも生じた村人と疎開者との様々な文化背景からくる溝を埋めるべく、保母は子どもたちを村の行事に積極的に参加させたり、お葬式に出るような関わりを持とうと努力をしました。最大の努力は、保育所の開設によって、村の人手不足を補うために貢献したことにあります。保育による地域社会貢献事業です。

3-3　農繁期保育所の開設

　1945年6月20日、疎開保育園が大きな負担を強いている地元平野村へのお返しに、前年から行われていた平野村農繁期保育所に協力したい旨を村長に申し出て、平野国民学校保育所開設の初顔合わせ・打合せを行いました。この農繁期保育所は前年から行われていましたが、子どもたちの行儀や生活態度など、当時の日本において最先端の保育を実践していた愛育会が協力することにより、村人たちの間に保育自体の関心を高めることにも繋がりました。行儀作法や歌やお遊戯を身につけて帰宅する子どもから、保育が持つ力を村人が認識する機会となり、戦後も毎年続く活動になりました。村の中にある神社とお寺が保育の場所として協力し、国民学校と妙楽寺と全部で4か所の保育所が開設されました。

　当時の日誌が残されています。優美な字体で、多忙な中であっても村の子どもにも深い愛情をもって接していた様子がうかがえます。

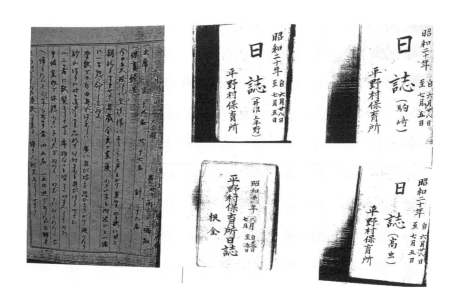

〈農繁期保育所の日程（原則8:00〜16:00　乳児もあずかる）〉

6月28日　開所式

6月29日　田んぼめぐり

　　　　　（家族が働いているところを見ることと家族に保育中の姿を見せるのが主目的）

6月30日　清潔の日（散髪・爪切り）

7月1日　宮参り（神様を敬う）

7月2日　遠足

7月4日　小運動会（運動会の準備）

7月5日　合同運動会・子ども会

　農繁期保育所の最終日を迎え、平野国民学校で合同運動会を行いました。先生方が車乗り競争で会場の雰囲気が最高潮に達した頃、空襲警報が鳴り教室内に引き上げました。もうこのころになると、都会だけでなく地方都市にも頻繁に敵機が飛来して爆弾が落とされる事態となっていました。警報解除後、昼食をとり、紙芝居などを行いながら村人との交流が続きました。子どもたちにはお土産として、豆と厚生省の贈り物を渡して閉会になりました。

　この農繁期保育所の期間中、授乳のために保育中の子どもに会いに来た若い母親が感謝の気持ちを込めて姑に内緒の米一袋を差し入れするなど、村人との関係が改善していくとともに、保母たちによる農繁期保育所の保育活動を通して全人格教育的な発想での啓蒙活動などが試みられたことから、村人たちに保育の重要性は認識されていきました。実際の園児たちの生活を食生活と健康管理の方法からみていきましょう。

3-4　園児の食生活

　田舎での食生活は変化に乏しく、とりわけ動物性たんぱく質がとりづらい状況でしたが、鈴木とくが石巻の網元の親戚筋にあったため、魚粉が定期的に送り届けてもらえました。それをブラジル帰りの鈴木範子（子どもと共に疎開保育に参加しながら調理を担当）がかなりの料理の腕前を発揮し、お芋のサンドイッチ、手作りケーキ、特別な日にはおもち、おはぎ、団子、大根で創ったお節句の花かご、食紅を使用して作ったこいのぼりなどで子どもたちを楽しませ、見た目や食感に変化をつける努力をしました。

　園児たちの記憶によれば、ひからびた大根に目や口、鼻を描いたものをお人形代わりにもらって、皆で近くの川の土手にいって遊んだりした日もあったといいます。加えて、愛

〈ある3日間の献立〉

	一日目	二日目	三日目
朝	味噌汁	味噌汁	味噌汁
	おさつ	まぜごはん	おかゆ
	大根菜	ねぎ	ふりかけ
昼	おじや	ふかし芋	ふかし芋
	大根おろし	白菜	大根菜
	パン	芋羊羹	みかん
夜	コロッケ	ライスカレー	みそ煮
	おさつ	おさつ	大根
	白菜	大根	にしん
	ねぎ	さば缶	みそ

育会から派遣されていた松本弥栄（栄養士）が、食糧調達が困難な中、綿密なカロリー計算をして、園児たちの健康を配慮した献立を組み立てていました。

3-5 園児の健康管理

　疎開保育園にとって最重要課題は、園児たちの健康管理でした。園児はもちろん村人たちに感染者を出すことを避ける意味（東京の人間が村に病気を持ち込んだ、と言われないようにすることが重要でした）で、伝染病の中でもジフテリアが最も心配されていましたが、疎開1カ月前に、全園児に対してアナトキシンを投薬したり、疎開保育園では三度の食事ごとに、食器の全消毒を行い、小さな傷でも破傷風になることを懸念して処置するなど細心の注意を払っていました。その甲斐あって、乏しい食料事情の中でも病児を一人も出すことなく閉園に至りました。洗濯も、掃除もすべて手作業だったこの時代に、滅菌消毒がどれだけの苦労であったか、コロナ禍での消毒作業にいそしむ保育者には十分その意味が理解できるのではないでしょうか。

　また、定期的に本部から医師がお寺を訪れ、園児たちの健康管理をしていました。その際、村人たちの健康診断を行い、交流を図っていきました。都の集団疎開保育も愛育会の疎開保育に遅れること半年後に実行されましたが、事前に準備もなく、保母と子どもも普段保育していた関係ではなく、機械的に割り振られた集団となり、健康状況も把握していませんでした。そのため、しばしば赤痢騒ぎをおこし、疎開地での近隣住民との軋轢を起こしていたこととは対照的な保育活動でした。

　この間、東京では、のちに東京大空襲と呼ばれる爆撃がありました。1945年3月10日のことです。卒業式を控えて各地の疎開地から東京に戻ってきていた学童（小6）が多数犠牲になりました。午前零時に開始されたB29、334機による2時間半にわたる焼夷弾で東京の下町（現在の墨田区、江東区一帯）全域が焦土化し、死者は10万人を超えま

した。大戦中、1回の作戦で死者が10万人を超えたのは広島に次ぐもので、世界にも未だ例はありません。

この空襲で、愛育隣保館と隣保区域に建っていた同潤会アパートが全焼し、児童4名が親を亡くし、3名が戦争孤児になりました。疎開せず、東京に残ることを選択した愛育隣保館の園児の多くも、この空襲で犠牲になりました。子どもを疎開地に送る際、涙を流した4歳児の女児の母親も亡くなり、映画に出てくる男児（ケンちゃん）は母親と妹と祖母を亡くし、完全に孤児となりました。

4　疎開保育園閉鎖―保母と子どものその後―

下町の大空襲から2か月後の5月25日には青山渋谷一帯の空襲もありましたが、この時多くの人は、いつもと違う空襲の大きさに慄いたそうです。もしかして、これがこのあいだ下町で起きた空襲なのか？と逃げまどいながら考えた人もいたそうです。それは、ニュースもネットもない時代にあって、何が今起きているのかを知る手立てがなく3月10日の空襲についても知らされてなかったからです。ラジオや新聞は、常に、日本は勝ち進んでいるので安心だと報じるばかりでした。1945年の6月に、空軍機を作る工場に「学徒動員」された当時16歳の青年は工場に1機も予備の飛行機がなく、飛行機を作る材料もない現実を見ても、日本が負けるとは考えもしなかったそうです。大人がそろって、日本は勝っている、絶対負けない、と断言していたからです。情報は、国によって都合よく操作されていたのです。操作されないのに、自粛や萎縮で真実を伝えないマスコミの存在が問題になりますが、人々の意識がそのままこうした情報のあり方を変えることも私たちは忘れてはいけません。

さて、そうした統制された情報の中で、田舎にいた保母たちはどのように戦争が終わったことを知ったのでしょうか。それも、負けたということを。保母の畑谷光代は、村の人から重要なラジオ放送があるから聞くようにと言われ、とにかく放送に耳を傾けたそうです。雑音が多く、よく聞こえなかったものの、天皇陛下が終戦を伝えているようだとわかると、お寺の本堂から素足で村人のたまり場であった酒店に飛び込み、その真偽を確かめにいったそうです。

東京の愛育会本部との連絡係となっていた鈴木とくも、愛育隣保館が全焼しその後の保育に奔走していたため、久しぶりに偶然にも8月15日の昼に疎開保育園を訪れたところ、境内で遊ぶ学童に「戦争おわったんだよ」と告げられ放心したそうです。東京からの電車の中では、そのような話は聞こえて来なかったのです。

生き延びたという実感も慢性化し、さしてありがたくもない翌朝を迎えたといいます。防空頭巾が無用になったこと、爆弾の投下目標になるからと一日に何度も警報が鳴るたびに取り込む洗濯物を、一日中干しっぱなしにできること、松林で根っこ堀をしていた栄養失調の兵隊がその日から姿を消したことなど、まる一日かかってようやく生活の流れと終戦とが結びついたそうです。

筆者の実母も当時4歳で終戦の日を迎えたのですが、その日の昼間に大人たちが家の裏の林で歌を歌いながらお酒を飲んでいて、「大きな声を出していいんだ。戦争が終わったんだ、嬉しいことだな。」とようやく実感を伴った喜びを幼心に噛みしめたそうです。一方、大人の反応は様々だったようです。保母として畑谷光代、鈴木とくの両氏は細かく記録を遺していますが、終戦直後から翌年まで虚脱感からか一切の記録がとられていません。

1945（昭和20）年11月22日、最後の一人となった戦争孤児を親戚筋が引き取るのを見届け、1944年11月25日から続いた疎開保育園の看板を下ろしました。畑谷光代、福光トシが全財産をトラックに積み込み師走の風をついて東京本部に戻りました。他の保母たちは東京に戻らず、1週間那須温泉に行き、皮膚病の治療をしました。疎開保育園開所中、全員の生理は止まったそうです。心身の疲れもとる必要がありました。

以上が、保育環境が全く異なる平野村での24時間休むことなく実践された妙楽寺疎開保育園の実態です。日本中で行われていた学童疎開とは違う愛育会の職員として広く農村保育に実態を知り尽くした職員だからこそ対応できた、保母、家庭、研究員、村人たちとの連携による前例のない保育となったのです。戦争が引き起こした疎開保育は、助けるものと助けられるもの、よそ者と地元民、都会生活者と農村生活者の違いを個人レベルで容認し互いを受け入れる寛容さをもった営みでした。

その後、東京大空襲により全焼した愛育隣保館で、保母たちが焼け跡での野外保育（青空保育と呼んでいました）を試みましたが、用地も売却されて、保育所としての再開は果たされませんでした。一方、戸越保育所は消失した建物を再建して愛育会付属の保育所として再出発しました。

保母たちのその後はどうなったのでしょうか。担任の子どもにその親の死を告げる辛い仕事のあと、保育に対してどのような思いを抱いたのか、彼女たちの軌跡をたどることで考えてみましょう。

・畑谷光代：民主保育連盟の一員として、愛知県トヨタ自動車のトヨタ幼稚園、東京北区　　　　　労働者クラブ保育園の創設に関わったのち、東京都港区の白金幼稚園に勤めな　　　　　がら、「つたえあい保育」を実践する豊川保育園の創設、運営に携わる。

・鈴木とく：愛育研究所で日本保育研究会活動に関わったのち、東京都に就職し、園長、　　　　　保母学院の専任講師等を務める。

・福知トシ：民主保育連盟の一員として、労働者クラブ保育園の創設に関わった後、井の頭保育園を創設し、その運営に携わる。
・山田久江：戦後、日本鋼管川崎製鉄所社宅の保育所に勤務する。リストラで退職後、塩谷アイの労働者クラブ生活協同組合理事になり、都民生協との合併後、運営委員として消費者運動に関わる。
・福光えみ子：愛知県トヨタ自動車のトヨタ幼稚園に勤務したのち労働者クラブ生活協同組合の保育園に勤務する。その後、労働者クラブ生活協同組合から分離した神谷保育園に勤務する。
・井伊澄子：愛育研究所付属の幼稚園、国立教育研究所付属の幼稚園に勤務した後、名称を代えた私立白金幼稚園に勤務する。
・高瀬慶子：民主保育連盟の書記として保育所づくりに携わった後、北区労働者クラブ保育園、井の頭保育園に勤務し、「つたえあい保育」を実践する豊川保育園に移り、園長を務める。
・森村登代子：母子愛育会を退職後、森村学園に勤務し、森村学園幼稚園学園長等を務める。
・鈴木範子：調理師として活躍。夫が復員した後、息子が地元の中学校2年になるまで妙樂寺のある平野に居住した。

　戦後、彼女たちは同じ園に勤務したり、研究会や研修会を通じてともに研鑽を積む間柄となり、その絆はいっそう強く結ばれていきました。戦争をしない人、戦争という行為に加担しない人を育てるという思いを一つにした保育実践からは、命がけで子どもを護った経験に基づいたゆるぎない信念となって、子どもたち、保護者、後進の保育者に伝わっていきました。
　時代がどんなに過ぎようと、私たちはこの史実を忘れてはいけません。平和とは、忘れてはいけない過去の上にあるのです。

参考文献
・『妙樂寺疎開保育園物語』発行人島村道雄、映画あの日のオルガンを支える蓮田市民の会発行、2021（令和3）年6月10日
・西脇二葉「愛育隣保館による疎開保育の実際」2008年、「平野村における幼児集団疎開保育をめぐる人間関係」『東京福祉大学・大学院紀要』第10巻1・2号、177-184、2020年
・西脇二葉「戦時下都市勤労者地区における多種連携による健康相談事業の展開：愛育隣保館（1938-45）の疎開保育時までの実践を中心に」『保育学研究』第58巻（2・3）203-215、2020年

第9章

貧困・虐待と向き合い 子どもの「生・いのち」を考える

冨田久枝

1 保育・SDGs/ESDと「貧困」「虐待」

　本章では子どもの「生・いのち」を脅かす「貧困」や「虐待」という問題に焦点を当て、「子どもの権利条約」に触れながら「子どもの生・いのち」をどのように守ることができるのかを考えていきます。なぜならば、その「生・いのち」を繋ぐことがSDGs/ESDの最終目的と考えるからです。

1-1　保育所保育指針

　まずは、保育所保育指針[(1)]ではどのように子どもの「生・いのち」を捉えているか、抜粋して紹介します。

保育所保育指針　第1章　総則
1. 保育所保育の基本原則
　（1）保育所の役割
　ア　保育所は、児童福祉法（昭和22年法律第164号）第39条の規定に基づき、保育を
必要とする子どもの保育を行い、その健全な心身の発達を図ることを目的とする児童福祉施設であり、入所する子どもの最善の利益を考慮し、その福祉を積極的に増進することに最もふさわしい生活の場でなければならない。
　ウ　保育所は、入所する子どもを保育するとともに、家庭や地域の様々な社会資源との連携を図りながら、入所する子どもの保護者に対する支援及び地域の子育て家庭に対する支援等を行う役割を担うものである。
　（2）保育の目標
　イ　保育所は、入所する子どもの保護者に対し、その意向を受け止め、子どもと保護者の安定した関係に配慮し、保育所の特性や保育士等の専門性を生かして、その援助に当たらなければならない。

保育所保育指針は、「子どもの権利条約」の第2条に示されている「子どもの最善の利益」を保育所の役割に位置づけ、子どもの保育だけでなく、保護者に対する支援及び地域の子育て家庭への支援を目標に掲げました。「子どもの最善の利益」を守るために、子どもを虐待や貧困から守り、子どもの生活拠点である家庭にも支援が向けられることが強調されました（下線は筆者）。

1‐2　SDGs/ESDと「貧困」「虐待」

　ESDは10周年を期にSDGsという新たな取り組みに移行されました。17の目標[2]と169の具体的なターゲットが世界に示され、人類は「地球市民」として、次の世代にこの地球をバトンタッチするという活動が始まりました。保育の実践から捉えてみると、子どもたちの「生・いのち」はSDGsの対象そのものであり、何よりも優先して守られるべきものと考えられます。SDGsの目標やゴールには、次のように「貧困」や「虐待」が位置づけられています。

〈目標1　貧困をなくそう〉

「あらゆる場所で、あらゆる形の貧困を終わらせる」

　世界銀行で定めた国際貧困ラインでは1日1.9ドル未満で生活している人が7億人以上（10人に1人）もいると言われています。これは健康を維持するための食料も医療も得られず、教育も受けることもできず、この貧困が次の世代にも連鎖することを示唆しています。自然災害や新型コロナの感染症などで新たな貧困層を生み出しています。このような状況下では子どもや女性が弱い立場に追いやられてしまう危険があるのです。

〈目標2　飢餓をゼロに〉

「飢餓をなくし栄養改善を。持続可能な農業で食料の安定確保」

　飢餓に苦しむ人は地球上にはおよそ8億人と言われています。飢餓は貧困とも密接な関連が有り、特に成長発達途上の子どもたちへのダメージは大きいと考えられています。飢餓によって損なわれるのは健康だけでは無く、生きる意欲をも蝕みます。当然、教育も受けられません。飢餓も貧困も子どもたちの「いのち」を危険にさらしています。

〈目標3　すべての人に健康と福祉を〉

「すべての人に健康と福祉を。風を感じ、鳥の声の声を聞き、自然の中で深呼吸をして心のやすらぎを」

　世界には未だ、産まれた子のうち10人に1人が5歳の誕生日を迎えることができません。2016年のデータでは、第1位がアフリカのアンゴラで1,000人当たり157人の死亡率です、2位がチャドで139人、3位がソマリアで137人です。地球の市民として持続可能な人類を育むために健康福祉も重要な課題でしょう。

〈目標4　質の高い教育をみんなに〉

「すべての人に公平で質の高い教育を。すべての人にいつでも学べる機会を」

　世界中には本を読んだり、文字を書いたりすることもできない人が沢山います。15歳以上で読み書きができない人は」7億5千万人と言われており、その中の3人に2人が女性ということで、女性の学ぶチャンスが奪われています。地球市民の教育が平等であることが望まれます。

〈目標16　平和と公平をすべての人に〉

「全ての人に公平で平和の社会をつくろう」

　紛争やテロリズムが多くの子どもたちの命を奪っています。他国では小さな子どもたちも少年兵として紛争に巻き込まれ命を落としています。子どもたちの命こそ一番に守ることが大切でしょう。この、平和と公平の目標は、どんな状況であっても「暴力」をなくすことを目指しています。

〈目標17　パートナーシップで目標を達成しよう〉

「人と人、地域、そして、世界とのつながりから持続可能な社会をつくろう」

　目標1から16まではそれぞれの国で取り組むものですが、この目標17はそれぞれの国の多様性を活かしたパートナーシップを用いて助け合うことを目指しています。これは国同士も当然ですが、日本という国内でも自治体同士のパートナーシップ、子どもを取り巻く専門職のインタープロフェッショナルなどその実現が望まれます。

1-3　貧困に関するさまざまな定義

　「貧困」にはさまざまな定義があります。一般的には「貧困とは命を落とさず人間らしい生活を送ることが難しい状態」とされています。さらに、「貧困」には「絶対的貧困」と「相対的貧困」などの定義も存在します。

　絶対的貧困とは、人間らしい生活の必要条件の基準が満たされない状態を指し、具体的には住む家がない、食事を採りたくても食料も無い・買えない、子どもの体重が平均の数値を下回っているなどです。海外におけるストリート・チルドレンやスモーキーマウンテンの子どもたちも絶対的貧困の子どもたちです。

　相対的貧困とは、社会の一定の母数の大多数より貧しい状態を指します。所得で言えば国民の所得の中央値の半分未満に当たる所得の方を「相対的貧困」と呼び、貧困率を比較する場合に使用される数値です。日本の場合、年収約122万円程度が相対的貧困といわれています。

　一時的貧困は、さまざまな災害（洪水、土砂崩れ、地震、津波など）により一時的に収入が途絶えることにより貧困状態に陥るケースで、近年、増加傾向にあります。

慢性的貧困とは、構造的にあるいは長期的に貧困に陥っている状態で、スリランカの経済危機やアフリカ諸国の紛争により貧困が長引いている場合など、慢性的な貧困に陥ることが予想されます。

2　子どもの「生」を脅かす「貧困」の実態と課題

　「貧困」というと、アフリカや中南米などの開発途上国で起こっている危機的状況（食料も医療も満足に受けられず栄養失調の痩せた子どもの映像）を思い浮かべる方も多いと思います。

　しかし、日本の子育て家庭にも、貧困は急速に進行しています。OECDで公表された「ひとり親世帯の貧困率の国際比較」[3]では、日本は韓国、ブラジルに次いでワースト3に位置しています。保育所や幼稚園への巡回相談で出会う子どもたちが、生活保護家庭であったり、貧困による乳児院や児童養護施設への入所児だったり、様々な苦しい状況下にいます。また、戦争などによる難民として日本に移住した外国籍の子どもたちは、ギリギリの生活をしていることが予想されます。

2-1　子どもの貧困の現状と特徴
　子どもの貧困は、絶対的貧困者の子どもや相対的貧困にある17歳以下の子どもを指します。日本の子どもの貧困に関する2015年の調査では、7人に1人の子どもが相対的貧

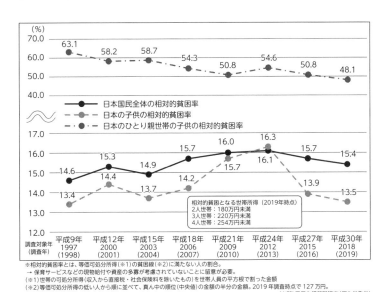

図表1　子どもの相対的貧困率の推移

困の中にいることがわかっています。

　厚生労働省の国民生活基礎調査（1997年〜2018年）⁽⁴⁾によると、1997年の子どもの貧困率は13.4％ですが、ひとり親世帯の子供の相対的貧困率は63.1％と2人に1人以上が貧困の中にいることがわかります。2018年の情報では、ひとり親世帯の相対的貧困率も微減していますが、それでも48.1％という高い数値が維持されており状況は深刻です。コロナ禍でパートタイマーなど非正規雇用者の失業による貧困が顕著で、ひとり親世帯の母子を直撃しています。

2-2　子どもの生活実態調査から

　「子供の生活実態調査」は、全国の都道府県が今後の子ども・子育て支援施策の参考とするために定期的に実施されています。家庭の具体的な状況を把握することで貧困問題などへの理解に寄与している調査です。ここでは東京都が2017年に実施した「子供の生活実態調査」⁽⁵⁾を用いて貧困との関連を具体的に見ていきましょう。

・収入からみた貧困

　生活調査から捉えた年間の収入では所得の中央値が427万円でした。しかし、低所得者は135.3万円と中央値の所得金額から200万円以上隔たりがあります。低所得者層はいつ貧困層に陥っても不思議ではありません。

・子どもの所有物や体験と貧困

　2016年に生活困難が定義され、子どもの所有物や体験の欠如と生活困難を関連付ける調査結果が示されています（阿部, 2017）⁽⁶⁾。以下の15項目のうち3つ以上の項目が欠けている家庭は、貧困層で子どもの生活がはく奪されていると考えられます。

　（1）海水浴に行く、（2）博物館等に行く、（3）キャンプやバーベキュー、（4）スポーツ観戦等、（5）遊園地やテーマパーク、（6）毎月のおこづかい、（7）毎年の新しい衣服・靴、（8）習い事、（9）学習塾、（10）お誕生日のお祝い、（11）1年に1度の家族旅行、（12）クリスマスプレゼントやお正月のお年玉、（13）子どもの年齢にあった本、（14）子ども用のスポーツ用品、（15）子どもが自宅で宿題をすることができる場所。

・家計の逼迫状況と貧困

　家計の逼迫については、経済的な理由ではく奪されている項目が以下の7項目のうち1つ以上あれば貧困層と考えられます。

　（1）電話、（2）電気、（3）ガス、（4）水道、（5）家賃、（6）家族が必要な食料が買えなかった、（7）家族が必要な衣服が買えなかった。

・食料の困窮

　「こども食堂」という国や地域の自治体、加えてNPOなどの支援団体による取り組み

をご承知でしょう。コロナ禍で食堂の運営がストップし、ますます困窮が深まっているようです。

・虫歯の本数

　小学校5年生の虫歯の調査では、困窮層では全体の28％以上が虫歯群で、虫歯が3本以上の子どもが13％という結果でした。一般層の子どもたちは全体で虫歯群が10％、虫歯が3本以上の子どもは2.6％と差があることがわかります。虫歯という身近な子どもの状況からも深刻な危機が伝わると思います。

3　子どもの貧困への支援と対応

3-1　子どもの貧困と社会的損失

　子どもの貧困を放置することは、「社会の損失」につながると言われています。一方で子どもの貧困への対策を推進することは「未来への投資」と言われます。未来を創る力である子どもを育むことは、結果として「社会の利益」を生み出すと考えられるようになってきました。生まれ、育つ環境を超えた「日本の未来を創る人」を育てることは、日本のみならず世界の利益をもたらす大事な種子なのだと実感します。

3-2　政策としての子どもの貧困対策

　現在、日本の政府の支援は、(1) 教育支援、(2) 経済的支援、(3) その他の支援に分けられます。

　(1) 教育支援として挙げられるのは、幼児教育の無償化、奨学金制度の充実、学校における支援の強化（スクールソーシャルワーカーやスクールカウンセラーなどの増員と配置数増）、こども未来塾の拡充、学習支援などの取り組みがあります。

　(2) 経済的支援では、「児童扶養手当」の第2子加算額の増額（5千円から最大1万円へ）第3子加算額の増額（3千円から最大5千円）。また、児童養護施設退所者には自立支援金も給付されるようになっています。

　(3) としては、生活支援や保護者に対しての就労支援など、間接的ではありますが、子どもの生活を下支えする内容が盛り込まれています。

3-3　こども食堂ネットワークの活動

　貧困層の子どもたちの食生活も貧しく、ひとり親家庭であれば十分な健康管理も難しいかもしれません。そのようななかで、子どもの心の根っこが育たないために心理的なスト

レスにさらされることも少なくありません。最良の大人（役割のモデル：ロールモデル）との出会いも得られないまま大人になる危険性もはらんでいます。

　先に紹介した「こども食堂」の取り組みが始まり、各地で自治体を中心に開設・運営されています。2018年に内閣府と全国フードバンク推進協議会が連携して「こども食堂ネットワーク」[7]を支える仕組みを創設し、その仕組みに個人や企業からの参画、NPO等の団体からの支援も加わり「こどもの食＝命」を支える連携活動が進められています。ある自治体では食堂の運営を定年退職した方々が子どもたちのために語らいながら食事をすることで、家庭の団らんを補完しています。

3-4　保育現場で行う「貧困」への支援とは

　保育現場は、日々子どもと保護者に向けてさまざまな支援を行っています。貧困は子どもにとって「生きること」への不安とストレスを生みます。保育環境を如何に「あたたかな居場所」とし、子どもの心に寄り添える「心理的な手厚いサポート」を心掛けることが重要となるでしょう。もちろん保護者の不安やストレスにも寄り添い、一緒に模索しながら「子どもの生・いのち」をつなぎたいものです。

　貧困には多くの危険因子もあります。子どもの安心安全を確保するため、体位測定や健康チェック、発育状況の評価、母子を含む心のサポート（アタッチメント形成やその支援）が必須でしょう。また、基本的な生活習慣の獲得への影響も危惧されます。偏食や異食行動の有無、食具の使用、衣服の始末、排泄の自立、入浴、安定した睡眠・昼寝等の生活の基礎を支えることも大切です。さらに、市役所（区役所）や病院、警察などときめ細かな連携も必要になるでしょう。

4　子どもの「生」を脅かす「虐待」の実態と課題

　これまで、貧困について考えてきました。貧困は家庭へのダメージも大きく、保護者の方々の抱えているストレスも大きいことがわかります。そして、このような保護者の方々の心理的なストレスが、家庭内の弱者である「子ども」や「母親」に向けられる暴力的な行為である「DV」や「虐待」を生み出すと考えられています。

4-1　家庭内で生じるさまざまな状況と虐待・DV

　家庭内で何らかのストレス状態を生み出す要因として、同居家族の病気、父母の離婚、ひとり親家庭、父母の再婚など挙げられます。子どもにとって、安全基地である家庭が揺

らぐことは大きな事態です。そのようなとき、子どもたちには、母親から離れることを極端に嫌がったり、落ち着きがなくいつもイライラしていたり、情緒が不安定で泣くことが多くなったりと、見守りが必要な行動が頻発します。集団場面でも、友だちへの暴力が頻発したり、保育者や教師との関係が築けなかったり、仲間とかかわるための社会的スキルが未発達といった特徴も見られます。

　貧困層で虐待として散見されるケースがDV（ドメスティック・バイオレンス）と言われています。生活の困窮が配偶者への暴力に繋がることは想像できます。DVは子どもにとっては「心理的虐待」として扱われます。DVには、身体的暴力（平手で打つ、足でける、拳骨でなぐるなど）、精神的暴力（大声で怒鳴る、無視をして口をきかない等）、性的暴力（みたくないポルノ視聴を強要、避妊に協力しないなど）があります。一番の安全基地である家庭が暴力に満ちていることは子どもにとって不安しかありません。

4-2　虐待の背景

　虐待の背景として、4つの環境的な側面が挙げられています。

　子どもを取り巻く環境の大きな背景にはその国の「文化」が大きく関与してきます。子育て文化とでも言いましょうか。かつて、日本の親子は「川の字」になって寝るという様を用いて両親が両側から子どもを守り育むという姿勢を示したものでしょう。この文化に関与する部分を「文化レベル：マクロシステムレベル」と呼んでいます。そして、この文化圏の中に地域が存在します。日本は小さな国ですが、北は北海道から南は沖縄までその地域によりさまざまな風習や地域文化的特徴があります。この地域が及ぼす影響を「地域レベル：エクソシステム」と呼びます。子育てへの影響は、虐待の背景のレベルでもあります。この地域の中に「家族」があり、このレベルを「家族レベル：ミクロシステム」と呼びます。家族のメンバーが構成するさまざまな姿が結果として虐待の発生要因になったり、温床だったりと考えられます。最後に子育てに影響を及ぼす背景として、個人の成長に関わる課題があります。このレベルを「生育レベル：個体発生レベル」と呼び、それは上記の3つのレベルと密接に関連し合い、子育てに影響を及ぼす背景となります。

　それでは、実際の身近な環境からその背景を探っていきましょう。

　家庭の状況で最も重要なファクターが夫婦関係でしょう。核家族化が進む中で夫婦が中心となり家庭を運営していますから、どのような関係にあるのか、支配的な関係があるのか、経済状態が不安定なのかといった夫婦のありようが、虐待を生み出す背景となるのです。

　また、家族が、夫が、妻が、社会の中で何らかの理由で孤立状態であると、家族には社会に対して何らかの「不信感」が生まれます。その不信感がさらに不信感を生み、虐待を生み、結果、社会から孤立してしまうことが多くありました。

4-3 なぜ虐待が起こるのか

　虐待が起こる基本的な背景に触れてきましたが、どんなことが虐待を生んでしまうのか、具体的に問題別にそのリスク要因を概観しましょう。

[養育環境のリスク要因]

　(1) 親の問題（性格、精神疾患、被虐：親も子ども時代に虐待を受けていた）

　(2) 家庭の問題（ひとり親家庭、配偶者や同居家族の暴力・学習、子連れ再婚）

　(3) 地域や社会からの孤立（転居して間もない、点々と住居を変える、職業がない等）

　(4) 子どもの特徴（障害、多子、病弱等）

　(5) 親と子どもの関係（役割逆転：子どもに愛されたい）

　(6) 一緒に生活する状況

　(7) その他（子どものしつけに係る問題等：おもらし、偏食等）

[親のリスク要因]

　(1) 精神疾患、(2) 知的障害、(3) 被虐体験、(4) 実家に頼れない、(5) 予期せぬ妊娠・出産、(6) 若年（10代）の出産・育児、(7) 育児不安、産後うつ等

[子のリスク要因]

　(1) 未熟児、(2) 双子などの多胎児、(3) 子どもの疾患や障害、(4) 発達の遅れ、(5) 行動特徴：多動、過敏、拘り、非社会性等、(6) その他：アレルギー、偏食

　養育環境を構成する親と子、それぞれにリスク要因があり、さまざまなリスク要因が関連しあい、虐待の背景をより複雑にしています。

4-4 虐待の定義とその特徴

　以下の表のように、厚生労働省は虐待を定義しています[(8)]。

身体的虐待	殴る、蹴る、投げ落とす、激しく揺さぶる、火傷を負わせる、溺れさせる、首を絞める、縄などで一室に拘束する　など
性的虐待	子どもへの性的行為、性的行為を見せる、性器を触る又は触らせる、ポルノグラフィの被写体にする　など
ネグレクト	家に閉じ込める、食事を与えない、ひどく不潔にする、自動車の中に放置する、重い病気になっても病院に連れて行かない　など
心理的虐待	言葉による脅し、無視、きょうだい間での差別的扱い、子どもの目の前で家族に対しての暴力を振るう（DV）きょうだいに虐待行為を行う　など

　虐待とは「子どもの権利侵害」と言われています。子どもには人としての権利（人権）があります。この子どもの人権を守るために、国際連合では「児童の権利に関する条約（子

どもの権利条約）を定め、多くの国でこの権利条約を基準に子どもたちの人権を守る努力がされています。日本でも1994年に「子どもの権利条約」が批准されました。

　子どもの権利を侵害する虐待による被虐待児症候群（Battered child syndrome）は、子どもの死を招く危険性因子として挙げられています。

4-5　虐待の実態(9)

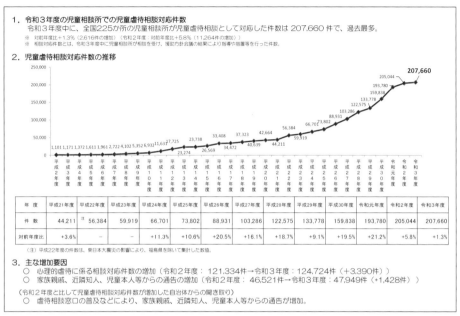

図表2　令和3年度児童相談所での児童虐待相談対応件数とその推移

　図表に見るように、驚くスピードで相談件数が増えています。少子化という状況下でなぜ、虐待件数が増加するのか、心が痛む数値です。

　虐待の実態について、厚生労働省の虐待の4つの定義から見てみましょう。

	2010年	→	2020年
●身体的虐待	21,559件（38.2%）	→	50,033件（24.4%）
●ネグレクト	18,352件（32.5%）	→	31,430件（15.3%）
●性的虐待	1,405件（3.1%）	→	2,245件（1.1%）
●心理的虐待	15,068件（23.3%）	→	121,334件（59.2%）

　この11年間の虐待件数の数値から、身体的な虐待から心理的な虐待へと様相が変化してきていることがわかります。厚生労働省の分析では、児童が同居する家庭における配偶者に対する暴力事案（DV）について警察からの通告が増加したためと考えられています。

　また、主たる虐待者として、実母は97,222件（47.4%）、実父による虐待は84,709件（41.3%）。以前より実父の虐待数が増加しています。

虐待を受けた子どもの年齢は（2020年）、0〜3歳未満＝39,658件、3歳〜学齢期＝52,601件、小学生＝70,111件、中学生＝28,071件、その他＝14,603件です。

4-6　虐待が子どもに及ぼす影響

顕著な影響として、

- ・身体的虐待では…死亡、身体障害
- ・ネグレクトでは…栄養・感覚刺激の不足による発達障害、発達遅滞

どの類型にも共通した影響として、

- ・トラウマ（心的外傷）…不安、衝動性、フラッシュバック、自傷行為
- ・対人関係の問題…緊張、乱暴、引きこもり
- ・経験不足…自己肯定感の低さ、低学力、意欲欠如（学習性無力感）

5　保育の現場でできる子どもの「虐待」の理解と支援

5-1　虐待のサインに気づくこと

保育現場で比較的気づきやすい虐待の兆候（サイン）は、手足に不自然な傷が絶えない、服を脱ぐことや身体接触を嫌がるといった傾向です。衣服や身体の汚れ、年齢に見合わない食の細さ、発育不良傾向なども、重要な兆候です。

子どもの身体からのサインは、養育状況を反映しています。

(1) 低体重や低身長などの発達遅滞または停滞、(2) 体重の増減の不均衡、(3) 不自然な傷やあざ（火傷、骨折等）、(4) 虫歯の本数や治療状態の悪さ、(5) おむつかぶれや皮膚炎、皮膚の荒れ等

子どもの心身からのサインには、以下のような特徴があります。

(1) 不活発、(2) 表情の乏しさ、(3) 落ち着きのなさ、(4) かんしゃく、(5) 保育者の異常な独占、(6) 執拗な甘え、(7) 攻撃的な言動、(8) 虐待の再現あそび、(9) 衣服の着脱を嫌う、(10) 朝から空腹を訴える、(11) 過食、(12) 食欲不振、(13) 寝つきが悪い、(14) 眠りが浅い、(15) 自傷行為、(16) 性的な行動、(17) 保護者の前で緊張、(18) 帰宅を拒む、(19) 休み明けに極端な疲れ

子どもの養育状態を示すサインには、以下のような特徴があります。

(1) 頭髪・身体の汚れ、(2) 持ち物が揃わない、(3) 季節に合わず汚れた衣服、(4) 大きさの合わない靴、(5) 歯磨きができない・しない、(6) 乳幼児健診を受けていない、(7) 予防接種歴が無い、(8) 必要な医療を受けていない、(9) 欠席や早退が頻繁、(10) 不規則

な登園（時間がバラバラ）

　保護者や家族の状態を示すサインには、以下のような特徴があります。

　（1）子どもの怪我や不調を説明しない、（2）説明につじつまが合わない、（3）子どもへの拒否的態度、（4）過度な厳しい、しつけ、（5）飲酒しての来所・来園、（6）抑うつ的、（7）コミュニケーションを避ける、（8）経済的な困窮、（9）仕事が定着しない

　このように、虐待のサインは潜在化しやすく、保育者の前ではその実態すらわからないことが多いのですが、以下に示した「親子の3つの不自然」を参考にして、親子のコミュニケーションをチェックすることで、発見の手掛かりにしましょう。

　（1）親が不自然：コミュニケーションスタイルや内容が不自然で説明も不自然

　（2）子どもが不自然：説明に辻褄が合わない。暗い。びくびく、おどおどしている。

　（3）親子関係が不自然：親の緊張。子どもを見る目の冷たさなど。

5-2　虐待の通告・相談

　保育現場で虐待が疑われる児童に気づいた場合、児童相談所や役所、必要に応じては警察署にも通告や相談をする必要が生じます。この通告（相談）には十分な情報の収集と慎重な決断が求められます。

［通告の留意点］

　（1）一人で判断しない（複数での協議、確認を行ってから判断する）。

　（2）個人では無く幼稚園、保育園、学校等として通告（相談）する。

　（3）見守りの場合は担任へのサポート体制を確保する。

　（4）保護者への非難はせず支援を。保護者も被害の中に居る。

　（5）時系列で詳細なエピソードなども交えた行動の記録をとる。

［通告（相談）の基本的なコンセンサス］

　（1）不自然なあざ（または疑い）が1週間以上継続して確認されたか。

　（2）できる範囲での情報収集をした後に、園長（施設長等）を中心にカンファレンスを実施し、通告（相談）への方向性を決めていく。

　（3）園での準備等が落ち着いたら児童相談所または、市役所、保健センターのいずれかに通告（相談）を代表者や主任などのリーダーから行う。

5-3　虐待のケース検討の考え方

［体制づくり］

　園ではケース会議（事例の検討会議）を構成し、定期的な情報共有の場を持ちます。ま

た、担当者が家族と関われる時間や場所を確保することも大切です。体制は担当者が単独で対応せず、複数での相談体制を作ります。虐待は園長も担当者や担任保育者も当事者ですので心のサポートも心がけましょう。

[関係機関との連携]

　虐待の通告（相談）の対象は「児童相談所」「保健センター」「医療機関」「警察庁」など、地域のサポート及び通告・相談体制を構築するための資源を調べ、園を取り巻く連携機関を「マップ」として面でとらえて共通理解しましょう。支援の流れは以下の通りです。

[支援の主な流れ]

　（1）連携機関（児童相談所等）との情報収集（保育所、幼稚園、認定こども園等）。

　（2）子どもの置かれている適格な状況把握を行い、緊急性についても確認する。

　（3）園（所）と連携機関とで協力して関与計画を策定する。

　（4）ケース会議（事例検討の場）を開催して、支援の方向性を決定する。

5-4　心のケアのための配慮

　保育者は子ども（被虐児）との信頼関係を構築し、子どもとのアタッチメントを形成しましょう。アタッチメントは危機的状況の中で援助要請できる頼りになる大きくて強い人物です。

　子どもの資源（子どもの好きなもの、遊びで得意なもの、その子らしさ、友だち関係、家族の中のキーパーソンなど）を誰よりも早く掘り起こしましょう。

　保育現場では多くの人、多くの目での見守りの輪が大事です。子どもが虐待の場面を思い出さずに過ごせる「安心で温かな環境」を創りましょう。そして、担任一人に抱えさせない保育者のチームワークを豊かにしましょう。

　虐待の連鎖の渦中の人＝保護者の気持ちを受容して理解しましょう。虐待をしてしまうどうにもならない気持ち（心の闇）にも寄り添える心のゆとりが必要です。

5-5　国（厚生労働省等）が取り組んでいる支援など

　児童福祉法に基づいて児童への虐待の防止と支援の施策がすすめられています。特に虐待事案に関しては無料の「児童相談所虐待対応ダイヤル　189」[(10)]が公示されています。この「189＝いちはやく」というダイヤルは、虐待かもと思った時などに、すぐに児童相談所に通告・相談ができる全国共通の電話番号です。そして、この通告・相談は誰でも、匿名でも行うことができ、通告・相談した人及びその内容についても秘密が守られる仕組みとなっています。

　日本では核家族化も進み、子どもを産み、育てることへの「ロールモデル」の獲得が難

しくなっています。大型のマンションでも、戸建ての家でも、地域の中で子育てに関する情報を身近な大人や先輩のママから学ぶチャンスは少なく、困難です。フィンランドでは「ネウボラ」という各家庭に専属保健師を配置する仕組みにより、子どもへ虐待も、母親の不安も軽減されているようです。日本でも、出産後のお母さんたちをサポートする赤ちゃんの泣きとその判断や理解を啓発するDVD「赤ちゃんが泣き止まない」[11]をホームページで提供しています。こうした母親向けの教材も支援に活用しましょう。

引用文献
(1)『保育所保育指針（第1章　総則)』厚生労働省、2019年（平成29年3月31日告示）
(2)『未来を変える目標　SDGs アイディアブック』一般社団法人　Think the Earth　蟹江憲史、32-57、140-151、紀伊国屋書店、2019
(3)「貧困率の国際比較（子供がいる世帯（大人が1人))：子どもの貧困率の国際比較（OECD)、厚生労働省（男女共同参加局）、2016年
(4)「子供の相対的貧困率の推移：国民生活基礎調査」厚生労働省、2019
(5)「子供の生活実態調査」東京都（東京保険福祉局）、2017
(6)「日本の子どもの貧困」阿部彩、子ども・若者貧困センター・日本証券業協会、2017
(7)「国における子供の貧困対策の取り組みについて　～子供の貧困対策マッチング・フォーラム福岡～」内閣府、2019年
(8)「虐待の定義」厚生労働省
(9)「令和2年度　児童相談所での児童虐待相談対応件数」厚生労働省、2022年
(10)「子ども虐待防止　オレンジリボン運動　児童相談所虐待対応ダイヤル」厚生労働省、2019年
(11)「広報啓発DVD（赤ちゃんが泣き止まない～泣きへの対処と理解のために～)」厚生労働省

参考文献
・「児童虐待防止対策」厚生労働省
・「子ども虐待　第1巻 子ども虐待を理解するために」「子ども虐待　第2巻 早期発見と初期対応」、社会福祉法人恩賜財団母子愛育会、2001年
・「令和3年 子供の生活状況調査の分析報告書」内閣府政策統括官（政策調整担当）2021年
・『厚生労働白書　平成24年版』厚生労働省
・『幼児教育の経済学』大竹文雄（解説）、古草秀子（訳）、東洋経済新報社
・『持続可能な社会をつくる日本の保育』冨田久枝・上垣内伸子・田爪宏二・吉川はる奈・片山知子・西脇二葉・名須川知子、かもがわ出版、2018年

第10章

バングラデシュの実践に学ぶ
乳幼児期の子どもたちの現在と未来

山村 けい子

1　バングラデシュの就学前教育

1-1　世界の就学前教育の変遷から

　1990年、世界中の国家や社会においてすべての等しく、基礎的な教育を受ける機会を保障されなければならないことに合意した国際的な目標であるタイのジョムティエンで開催された「万人のための教育世界会議」の中で「すべての人に教育を（EFA：Education for All)」というスローガンを掲げられました。2000年4月、「ダカール行動枠組み」において「われわれ世界教育フォーラムの参加者一同はあらゆる市民ならびに社会のために『万人のための教育（EFA）』目標を達成するために尽力することを約束する」と共同宣言し、「われわれは『万人のための教育宣言』（ジョムティエン, 1990）の方針を再確認している」というこの方針は『世界人権宣言』と『子どもの権利条約』に基づいており、すべての子どもたちや若者、成人が、教育を受けることによって得られる利益を得る権利を持っているという考え方です。

　先進国と同様に途上国においても「乳幼児のケアと教育（ECCE :Early Childhood Care and　Education)」に関する様々な取り組みが行われています。その後、2000年のミレニアム開発目標（MDGs：Millennium Development Goals）を経て、2015年には持続可能な開発目標（SDGs：Sustainable Development Goals）が国連において採択されました。この中には、目標4として「すべての人が公平に受けられる質の高い教育の完全普及と、生涯にわたって学習できる機会の向上」が掲げられています。そして問題点をより具体的にし、課題解決の方法を探るために新たにターゲットとして4.2「2030

年までに、すべての子どもが男女区別なく質の高い早期幼児の開発、ケア、および就学前教育にアクセスすることにより初等教育を受ける準備が整うようにする」を取り上げました。

1-2　バングラデシュの就学前教育

　バングラデシュでは、ECCEの一環である就学前教育の普遍化を目指し様々な政策が行われています。2010年国家教育政策（National Education Policy2010）では、5歳児の1年間の就学前教育を学校教育の初段階として導入することが明記されています。2011年には就学前教育段階のナショナルカリキュラムが制定されています。バングラデシュにおける就学前教育の方法としては2点の特徴的な点があます。1点目は、主に小学校の1教室として就学前教育が行われています。2点目は色々な機関を通して就学前教育が行われています。

　バングラデシュでは14種類の初等学校の類型があります。2014年には、その全てに就学前教育が導入されています。そのなかでも特に、2012年に政府が作成した就学前教育拡大計画（Pre Primary Education Expansion Plan 2012）では、政府、NGO、私立機関の3つのアクターが就学前教育を広げることが主となっています。

　バングラデシュには、就学前教育を行う機関は2つあり、1つ目は、小学校内にある「ナースリークラス」、2つ目は、KGスクール（Kindergarten School）であり、伝統的に就学前教育を提供する私立機関のとして扱われています。

2　ナースリークラスで出会った子どもたち

　筆者が、バングラデシュの現地の人と一緒に学校を作る任意団体「ONEDROP教育支援の会」に所属し、ボランティアをしながらバングラデシュの就学前教育について調査をしたことがバングラデシュの子どもたちとの出会いの始まりです。

2-1　バングラデシュの実態調査

　ダッカ、ナワブゴンジ、コミラなどのPrimarySchoolにあるナースリークラスを調査対象としました。
　　1回目…2018年1月12日〜16日。私立小学校（ダッカ）公立小学校（ナワブゴンジ）
　　2回目…2018年7月14日〜21日。公立小学校（コミラ）公立小学校（ナワブゴンジ）
　　　　　半官半民小学校（ナワブゴンジ）

2-2　ダッカの私立小学校 (Kutubbag Preparatory School) の「ナースリークラス」

　クラスは１クラスです。机と椅子に３人掛けで座っていました。５歳児で子どもの数18名（女児３名）でした。保育料は、無料です。

　保育内容を担任の先生から聞きました。遊びは、一切なく政府から支給された「教科書」でベンガル語の学習をしています。教室（保育室）は、机と椅子のみで壁に絵が描かれてあり、絵本や遊具等はありませんでした。保育時間は、10時から12時ころまでで、給食はありません。担任の先生は、教員免許は持っていませんが、高等学校までの教育は受けています。１人担任ですが、担任以外に２～３人の先生が補助で入っていました。

　初めての訪問でしたが、私が部屋に入ると、明るい表情で迎え入れてくれました。初めに名前を伝えると、みんなは口々に「KEIKO,KEIKO」と呼んで好意的でした。カエルの手袋人形を使った手遊び。次に「グーチョキパーでなにつくろう」を日本語とベンガル語で歌うと、子どもたちはみんな手振りとともに「グー」とまねをしていました。歌を歌いながら手遊びを一緒に楽しみ、慣れてきたころに男児と女児一人ずつ前に出てきてもらいました。子どもたちは少し恥ずかしそうでしたが、楽しく手遊びをしていました。

筆者の指導で手遊び（グーチョキパーでなにつくろう）

2-3　ナワブゴンジの公立小学校 (Government Primary School)

　ナワブゴンジは、ダッカから車で約２時間。自然が多い地方にあります。

・男女約30名（男女15名が１月に入学してきた）、年齢は４、５歳児。

・午前９時～12時までで給食はない。BOOK／Tibbin－午後１時30分～２時まで

・一日の保育内容は、「ゲーム」「PLAYING」「子どもの詩の暗唱」「歌」「ベンガル語の授業」

2-4 ナワブゴンジの半官半民小学校 (Bordonpara government primary school)

　男女約30名のクラスで女児も多かったです。保育時間10〜11時までで給食はありません。

　はじめに子どもたちから自主的に話をし、先生とのやり取りを楽しんでいました。その後カードを使って文字や数字を伝えていました。指導をしていた先生は教員免許を持っており半年間研修を受けていました。この学校はモデル校になっています。校長先生は女性で「楽しい授業を心がけている」と言われていました。

算数のページ

カードを使って算数を学ぶ

自分たちで考えたことを発表する子どもたち

教科書

2-5 実態調査の結果

　実態調査に行ったところは全て小学校の中にある「ナースリークラス」です。保育に関する室内の環境構成としては、訪問した「ナースリークラス」では、壁にベンガル語、数字、絵、ポスターなどがありましたが、ブロック、絵本、ままごとなどの遊具は準備され

表　日本とバングラデシュの就学前教育の比較（筆者作成）

	バングラデシュ	日本
管轄	初等大衆教育省	文部科学省／厚生労働省／内閣府
就学率	40.4％（2013）	89.1％（2011）
対象年齢	3歳児〜5歳児	3歳児〜就学前
人数	男女混合で30〜60人	3歳児は1クラス概ね20人 4、5歳児は1クラス概ね30人
形態	3〜5歳児まで全員同じクラス	年齢別が多いが縦割り保育もしている。
授業形式	教師主導型	子どもが主体
給食	なし	幼稚園では毎日ではないが弁当や給食もある。保育所は給食がある。
保育内容	8領域	5領域
教員数	校長1名教員約2〜5名	園長・所長1名教職員3名〜6名
教職員資格	無資格の教員も多い	幼稚園教諭・保育士資格

ていませんでした。手遊びはとても楽しそうにしていました。日本の保育との一番大きな違いは、「教科書」を中心にして保育を行っている点です。教科書は政府から配布されており、保育の内容（カリキュラム）は、学校によって違いはありますが、公立は同じような内容が多かったです。上の表からは、バングラデシュと日本の「就学前教育」に対する考えの大きな違いが理解できます。

　今回調査をしたバングラデシュの小学校は、公立、私立、半官半民の小学校です。初等学校類型においては、①小学校の1教室として②多様な機関において就学前教育が行われています。小学校に関しては、管轄は違いますがイスラム教の宗教学校として代表的な「マドラサ」も含まれています。

　バングラデシュには14種類の初等学校類型がありますが、2014年時点では、その全ての類型に就学前教育が導入されています。その中の初等学校類型としては、1つはKGスクール（Kindergarten School）があります。就学前教育を提供する私立機関の代表格としてのKGスクールは、「Kindergarten」として就学前教育だけを行うのではなく、初等教育も提供する初等学校類型の1つでもあります。もう1つは、非登録非政府立小学校の類型であり、2010年以降は、この類型でも就学前教育を行っています。

　バングラデシュでは、保育にも貧困の問題が大きく影響しています。少しずつ国が対策を考えて取り組んでいますが、子どもの保護者が就学前教育を受けていないという家庭が多く、就学前教育に対する意識が低いと思われます。また、低年齢児でも家庭においては稼ぎ手であることが多いという現状も深刻です。

3　バングラデシュの障害児教育

　バングラデシュの障害者問題に取り組んでいるNPOのADD（Action on Disability and Development、1989年設立）を訪問し、Country Director（ADD責任者）Shafiqul Islamさんに、2019年7月16日、ダッカで1時間ほどのインタビューを行いました。同NPOの対象は乳幼児から成人まですべての障害者。スタッフは30名（ボランティア）です。

　人権、子どもの権利、障害者の権利が大事です。インクルーシブ教育は大事ですが、現実には、学校には、車いすで授業は受けることはできません。スティグマが大きな問題です。「Mainstreaming Disability in Development」です。「Inclusive society, Dignity, No discrimination」（インクルーシブ社会、尊厳、差別のない）この言葉がキーワードであると教えていただきました。その後メールで障害児を含む「インクルーシブ社会」を理解するには何が重要かを尋ねたところ「"inclusive society" considers all human being with dignity, no discrimination and have equal opportunity.」と答えてくださいました。これはあくまでも自分の知識と考えであることを前置きされ、「インクルーシブ社会」とは、「すべての人に尊厳をもって、差別のない、均等な機会を持つことと考える」と言われていました。

　初等教育の障害児について、金澤（2013）[1]は以下のように述べています。

　バングラデシュでは、子どもの障害を身体、聴覚・口話、視覚、知的の4つに分類し、さらにそれぞれを軽度、中度、重度、最重度の4つに分類する。この分類にしたがって、インクルーシブ教育、統合教育、特殊教育、巡回指導／家庭教育といった教育支援が行なわれる。

　初等教育に関してはインクルーシブ教育の理念のもと、すべての障害児は初等大衆教育省所管のどの学校でも受け入れることになっている。インクルーシブ教育が初めて政府に取り上げられたのは、2004年に始まった第2次初等教育開発計画（Primary Education Development Program-II）からである。2006年には、初等大衆教育省初等教育局（Directorate of Primary Education）の中に Access and Inclusive Education Cell（AIEC）が設置され、インクルーシブ教育の実施とコーディネートを担っている。また、教育省によって策定された国家教育計画2010（National Education Policy 2010）には、身体障害のある子どもについての支援──トイレや校内のモビリティ、トレーナーを配属することなど──が記されている（MOE 2010:8）。しかしこ

こで注意すべきことは、インクルーシブ教育を推進しているのは初等大衆教育省であるが、障害児への教育上の支援に対する責任を負っているのは、教育省でも初等大衆教育省でもなく、社会福祉省（Ministry of Social Welfare）の社会サービス局（Department of Social Services）だという点である。また、ノンフォーマル校は対象となっていない（Ackerman et al 2005:29-30）。

　統合教育は、統合教育プログラム（Government Integrated Education Program: GIEP）として、社会福祉省の管轄下にある。視覚障害のある子どもに低コストで中等教育を行う手段として1974年に始まり、現在でも視覚障害児のみを対象としている。各県に1校ずつ設置され、全国に64校ある。1校につき10名の視覚障害児が入学できる。その他にNGOが運営している学校が5校（UNICEF 2003:8）ある。GIEP下で運営されている各校には、リソースティーチャー（通常の校内環境では学習困難を覚える生徒のために働く専門家。一般の教師のコンサルタントとしての役割をもっている。）と寮があれば寮の管理人夫妻が配属されていることになっている。64校中20校ほどが初等教育もおこなっているが、当初の目的はクラス6〜10の中等教育を提供することであったため、初等教育をおこなっているのは例外といえる。

　特殊教育校は、少ないながらも社会福祉省管轄下で各地に設置されており、全国で視覚障害5校、聴覚障害7校、知的障害2校がある。そのほかに、少数ながらもNGOなどにより特殊教育が提供されている（Ackerman et al 2005:30-36）。

　重複障害や重度の障害をもった子どもを対象に教師が家庭を巡回するという、巡回指導/家庭教育はいまだ組織的には行われておらず、個々の家庭が自主的におこなっているとされる（CSID 2002:5）。（注釈は略）

　バングラデシュ政府の統計では初等教育に90％以上の子どもがアクセスしていることになっていますが、現実には障害児はほとんど教育にアクセスする機会がありません。バングラデシュのナースリークラスにおいては、統合保育は行われていないようです。障害児は、障害の種別によって学校があり、そこで教育を受けています。11タイプ（自閉症または自閉症スペクトラム障害、身体障害、障害につながっている精神病、視覚障害、言語障害、知的な障害、聴力障害、盲ろう（視覚聴覚障害）、脳性麻痺、ダウン症候群、複数の障害）ある障害の子どもたちが教育を受けることができないのは明らかです。バングラデシュは、まだ開発途上国であり、ずいぶん就学前教育が普及してきましたが、まだ約4割ほどです。

4 バングラデシュの就学前教育の課題

　日本でもバングラデシュでも、子どもたちの可愛さや素直さは変わりありません。しかし開発途上国、あるいは最近までは最貧国と言われていたバングラデシュでは、「貧困」が子どもたちにもたらす影響は大きいです。ダガール行動枠の中の「最も恵まれない子供達に特に配慮を行った総合的な就学前保育・教育の拡大及び改善を図ること」に関しては、バングラデシュにおいては改善されつつあります。今回調査したナースリークラスは、1か所の私立機関を除いて他は公立でした。政府が改善をしようとする様子も現地で理解できました。しかし、日本と比べるとまだ就学率は半分であり、就学するにあたっての課題は、まだ時間がかかると思われます。なお、バングラデシュの教育を支えているのは政府だけではなく、民間組織であるNPOの力も大きいです。

　SDGs（持続可能な開発目標）のターゲット4.2には「2030年までに、すべての子どもが男女区別なく質の高い早期幼児の開発、ケア、および就学前教育にアクセスすることにより初等教育を受ける準備が整うようにする」とあります。SDGsの前には、2000年～2014年までのMDGs「ミレニアム開発目標」があり、主に「世代内の公正」への関心が高く、途上国を中心に資源や援助が十分でないことを課題としてきました。2015年に採択されたSDGs「持続可能な開発目標」は、「世代内、世代間」のバランスを考え、資源や援助へのアクセスも考えつつ、その「質」を高めることの重要性が言われています。

　バングラデシュの「Early Childhood Education in Bangladesh『Bangladesh Education Article』(2000)」は、ダガール行動枠組み、Education for All (EFA) についても書かれています。「Early Childhood Education (ECE) in Bangladesh」においても健康、発達が重要であると言及されていますが、現実には読み書き、算数教育であり、大きな課題があります。貧困を改善していくためにも、SDGs4.2で改善できる政府の援助が必要です。

　障害児と健常児が一緒に生活をするというインクルーシブ保育にはまだ時間がかかるように思います。障害を持った人々が教育を受ける前に「生活」ができる場所、生きていく場所が保障されることが何よりも大事であり、バングラデシュの教育の大きな課題であると思います。「バングラデシュは、NGO大国と呼ばれるほどにNGOの影響力が強い国であり、就学前教育が1つの要素として含まれる乳幼児の発達（Early Childhood Development、以下ECD）6の分野でも、Bangladesh ECD Network（以下、BEN）という政府とNGOがともに所属し、協働するフォーラムがある」と門松は述べています。

自国のNPOも含めかなりの援助をしていますが、追いつかないのが現状です。

　ユネスコの「学習の４本の柱」には「一つの目的のために、共に働き、人間関係の反目をいかに解決するかを学びながら、多様性の価値と相互理解と平和の精神に基づき、他者を理解し、相互依存を評価すること」とあります。この理念は、「人間の生誕からの生涯の各時期における教育と学習を関連付ける垂直的統合（時間的統合）と、成長過程での横断的な教育と学習機会を関連付ける水平的統合（空間的統合）といった生涯にわたる発達的要素を内在して、教育と学習の在り方を位置づけている」と述べられています。

5　バングラデシュと日本の就学前教育の交差点

　ESD（持続可能な開発のための教育）は「人と人」「人と社会」「人と環境」とのつながりを重要だと考えています。しかし、障害児が教育を受けて社会を生きていく技術を身につけることだけでは、障害児、障害者の「人権」を守ることにはならないと思います。「共に生きていくことを学ぶ」のは、障害がある、無しにかかわらず全人類の学びです。障害児、障害者は、世界においても立場が弱いですが、しかし「障害者」とは決して弱い人の事ではありません。障害とともに歩んでおり、不自由なことが多くても決して弱い人ではありません。

　現実問題として「子育て」に関しては、難しいことも多々あります。そこに対しては、手厚い支援が必要です。もしそれが「障害がある」からということで手厚くしているのだ」等と言われることがあるのならば、「共に生きる」社会など実現はできません。

　バングラデシュのナースリークラスでは障害児はまだ限られた子どもしか機会を与えられていないのが実態調査でも明らかです。Shafiqul Islamさんからは「車椅子」で学校へ通うなどは到底考えることはできないのが現実だと聞きました。バングラデシュにはADD以外にも障害者支援の団体はあります。このADDの特徴が「当事者主体」であるところが、障害者に寄り添った支援の展開をしていると言えます。日本にも障害者に寄り添い、様々な方法で支援をしている団体もあります。しかし、このようなNPO団体等に任せきり、頼り切りになっているのが現実ではないでしょうか。

　「共に生きることの重要さ」を考え、伝えていくべきところは「教育現場」であるはずです。「就学前教育」において「共に生きることを学ぶ」こと。子どもたちには、障害を持った人たち、高齢者、貧困層の家庭の子どもたちのことを考える機会を与え、それらの課題に向き合うことが「教育的意義」ではないかと考えられます。

　多様な人がいてこその「人間社会」であり、子どもたちが「育つ環境」には不可欠です。

筆者は、保育の現場で長い間いろいろなタイプの子どもたちと触れ合ってきたという経験からも「多様な人がいていいのだ」ということを、言葉でなく行動で示してきたつもりです。しかし、バングラデシュのShafiqul Islamさんの話を聞いてまだまだ認識の甘さを痛感しています。

　ユネスコの「学習の4本の柱」にある「共に生きることを学ぶ」ことは「生涯教育」の意味も含まれています。就学前教育、保育がいかに人間の成長の基本であるかを改めて考えると、「共に生きることを学ぶ」ということは、保育者だけでなく子どもたちを取り巻く人々、環境、社会全体で積極的に取り組まなければならない重要な課題であると同時に、その社会の課題を解決する「教育」つまりESDではないでしょうか。

　このESDには「いのち」の「尊さ」伝える最も重要な「教育」であると思います。そしてESDやSDGｓの「持続可能性」を考えるときには、必ず縦の時間軸を考える必要があると思います。時間軸が世代をつないで、その中で文化を繋ぎます。しかし、時間軸の途中で終わってしまういのちや文化もあります。そこからまた違うそれらが生まれ、繋がっていきます。その一番根底にある繋がりは「いのち」に他ならないのです。

　未来を担う全ての子どもたちが、「尊厳をもって、差別のない、均等に与えられた機会」を作っていくためにも「共生社会」「共に生きること」の「教育的意義」の果たす役割は大きいと言えるのではないでしょうか。子どもたちが「希望」を見失うことなく、自然の中で「生きること」を楽しみ、苦難をともに乗り越えることができる人間関係を築けるような持続可能な未来のための「地球市民」になってほしいことを願います。

引用文献
　(1)「バングラデシュの初等教育におけるジェンダー格差は解消されたのか―障害児の教育へのアクセスの現状と政府統計との乖離―」金澤真実 Core Ethics Vol. 9　2013年

参考文献
　・『保育所保育指針解説 平成30年度版』厚生労働省
　・Bangladesh | ADD International
　　https://www.add.org.uk/countries/bangladesh　2019年
　・『南アジアの障害当事者と障害者政策：障害と開発 の視点から』山形辰史　日本貿易振興機構アジア経済研究所 2011年
　・『国際教育開発の研究射程』北村友人　東信堂 2015年
　・『SDGs時代の教育　すべての人に質の高い学びの機会を』北村友人・佐藤真久・佐藤学　学文社 2019年
　・『幼児教育への国際的視座』David P.Weikart 東信堂 2015年
　・「バングラデシュの就学前教育における政府― NGO の協働 構想－実践計画と国家基準に着目して―」門松愛　京都大学大学院教育学研究科紀要61　2015年
　・「バングラデシュの就学前教育における私立機関の展開― KG スクールの多様性に着目して―」門松

愛　京都大学大学院教育学研究科紀要62　2016年
・『バングラデシュを知るための66章』大橋正明他　明石書店2017年
・Early Childhood Education in Bangladesh『Bangladesh Education Article』ASA-DUZ-ZAMAN ASA　2000年
・「AN APPROCH FOR ADVANCING DISABILITY MOVEMENT IN BANGLADESH」ADD INTERNATIONAL BANGLADESH」p3. 2019年

第11章

乳幼児期から地球市民としてSDGsやESDに参画できる保育のあり方

萩原元昭

　「私は０歳のKです」「僕は３歳のNです」「先生はS園のKです」みんな地球に暮らしている仲間です。

　2015年に戦争、紛争地に生を受けた赤ちゃんは1600万人以上、2015年に20万人以上の子どもたちがEU加盟国に避難を余儀なくされ、また2億5000万人以上が保健や教育、福祉を大きく損なわれています。また、５億人以上の子どもたちが、洪水の発生する危険性が高い地域で暮らしています。世界人口の約３分の１を占める、子どもたちの半数が極度の貧困レベルで暮らしています。

　このような同じ地球市民の生命の危機的な現状と人間の活動に由来した地球の温暖化、異常気象、山林火災、海面上昇、放射能汚染やマイクロプラスチックの大気・海水の汚染など地球の自然環境破壊の現状を改善・変革し、持続可能な地球社会へ転換するためのSDGs（Sustainable Development Goals 持続可能な開発のための行動目標）やその担い手の育成を目指すESD（education for Sustainable Developments 持続可能な開発のための教育）への乳幼児期からの参画が、地球上の子どもたちをひとりも取り残すことなく、保育者、教師、保護者や子どもをとりまく地域、地球のすべてのおとなのファシリテーター（facilitator手助け人）としての関心を持つ協働学習者（interested co-learners）とのパートナーシップにより実現されることが、国連、ユニセフからも今日強く期待しております。

　本章は、これからの乳幼児が持続可能な地球社会の担い手として参画し行動できる地球市民力を育成するファシリテーターとしての保育者の役割と、乳幼児主体の参画をファシリテートしやすいアコモデーション・システム（accommodation system）の園環境づくりについて、保育者、教師、保護者と共に考えていく道筋を明らかにすることを意図しています。

① 今なぜ「地球市民」という言葉が必要なのか

「地球市民」とは、一般には国籍、人権、思想、歴史、文化、宗教の違いを乗り越えて地球上に住む仲間として、地球の自然環境の破壊や人類の生命の存続危機という共通の課題の解決を目指して、誰もがその背景によらず共に地球上の市民として相互に尊重しあい、協働しあい、助けあい、持続可能な地球社会の担い手として行動できる人、ということができます。具体的には、国連の2030年までの地球上のすべての人が共に参画し行動することが期待されている17のSDGs持続可能な開発のための行動目標の価値観を共有し、持続可能な地球市民社会づくりを担い行動できる人も、参画をファシリテーターとして手助けする人も地球市民ということができます。乳幼児も、保育者も、地球社会を担う人はすべて地球市民です。

② 受身の「参加」から能動的な「参画」への転換

従来、乳幼児の保育においては保育者、教師が保育の内容、方法、日時、場所などのプログラムを中心になって意思決定し、乳幼児はそれに従って受身的に参与する形態が多く、乳幼児自身による選択の自由度が制約されるため、活発になれない状態を招くこともありました。このような保育の形態をここでは「参加」passive participationと呼ぶことにします。

他方、乳幼児が主体となって、自己の好む遊びやSDGs、ESDへの参画の課題を選び、友だち、仲間と企画、立案、話し合い、観察、見学、実験、調査などを用いて、なおかつ、困った時は脇にいる先生、保護者などファシリテーターの手助けを得て、参画の目標を実現していく保育活動の形態をここでは「参画」active participationと呼ぶことにします。

持続可能な地球社会づくりの担い手としての乳幼児の主体性の育成のためには「受動的な参加」から「能動的な参画」への転換が不可欠といえるでしょう。

③ SDGsの参画にはファシリテーターとしての保育者の役割が重要

事例「肌の黒い男児に向って、女児が『あなたの肌は黒い。どうして？　あなたはおふろに入っていないから、遊びたくない』と言っている場面の絵を見てどう思うか？」に対する反応。

ヴィルマ：ジェシィーやガブリエルと同じように肌は黒い。他の国で生まれたのだろう。

アレキサンダー：たぶんイギリスじゃないかな。

ヴィルマ：あるいは戦争している国からやってきたんじゃないかな。

テオ：何かあなた知っているの？　たぶん彼はしろくじちゅうたくさん太陽の降りそ
　　　そぐ国からやってきたんじゃないかな。

ヴィルマ：（絵の女の子に言及して）彼女は間違っている。彼は家を買ってここに住
　　　んでいるんだ。スウェーデンの人も国も彼をここに滞在させている。彼の兄のレオ
　　　もクラスに男の友達を持っていて、ここで生きていかねばならないんだよ。なぜっ
　　　て、その男の子は戦争のある国に住んでいたんだから。その男の子の場合も多分同
　　　じよね。

セシリア（先生）：絵の中の彼女は、みんな人は違って見えるということを教えられ
　　　たと思う？

ヴィルマ：違うと思う。だけどぼくは、人はみんな違って見えることを知っているよ。

アレキサンダー：彼はたぶん他の国の生まれで、汚くはない。ただ肌の色の違いだけ
　　　だ。

セシリア（先生）：彼は汚く見えるといわれた時、どんな風に感じたと思う？

ヴィルマ：悲しい。

マーチン：あの2人は遊ぶべきだと思うな。

　セシリア先生の問いかけが、ヴィルマやマーチンの、男児の気持ちに気づき、アコモデー
ト（accommodate 寄りそい、調整する）する発言を招いています。セシリア先生が
子どもたちの会話に寄りそいつつ男児の気持ちにアコモデートすることで、子どもたち
に絵の中の女の子の持つ差別観に気づかせ、ESD の目標である公平・平等への認知の
方向に導いている、ファシリテーターの良い事例です。

　ここでいうファシリテート（facilitate）とは「〜を容易にする、〜を楽にする、〜を
助長（促進する）という意味で、ファシリテーター（facilitator）とは「〜することを容
易にする人」「手助けする人」を意味します。子どもの参画との関連でいえば、子どもの
求めに応じて、自分（たち）が自力で解決できるように参画を容易にしてくれる担い手を
指しています。

④ 園環境のドミネーションシステム domination system からアコモデーションシステム accomodation system への転換

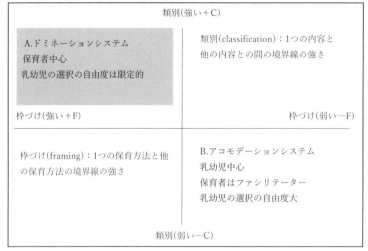

バジル・バーンステンの言語コード理論参照（萩原元昭作成）

園環境：「ドミネーションシステム」対「アコモデーションシステム」の比較

ドミネーションシステム	園環境	アコモデーションシステム
保育者・教師 乳幼児は受動的「参加」	主体	乳幼児 保育者は「参画」のファシリテーター 乳幼児は能動的参画
一方向的 命令・指示・教示	コミュニケーション	双方向的 問答・対話
保育者主体の保育内容・保育方法の編成 乳幼児は「参加」	SDGs／ESD	乳幼児が主体的に保育内容・保育方法に「参画」 保育者はファシリテーター
乳幼児の選択の自由度小 ┤ +C ／ +F	保育内容／保育方法	-C ／ -F ├ 乳幼児の選択の自由度大

⑤ ドミネーションシステムの園環境の事例

　私が直接伺った事例です。

　フランス人の３歳児Ｍちゃんは、おひるねの短いお子さんです。おひるねの時間におきていると、「ねむくなくとも横になって、目をつぶってしずかにしていなさい」と注意され、その度に指をかみ、出血します。それをみた母親が、保育者に「Ｍはねむりが短い子です。絵本が好きなのでとなりの部屋で読ませるように」とお願いしたところ、「おうちでねむれる習慣をつけて下さい」といわれた。Ｍの個性を無視した上、子育ての協働者である母親の提案は拒否し、Ｍと母親のウェルビーイング（最善の利益）を無視した、ファシリテートしない保育者と、Ｍにアコモデートしない、ドミネーションシステムの

園環境のあり方に、母親は涙を流して困り果てたということです。

　これはSDGsの17項目のパートナーシップの行動目標に反した好ましくない事例といえるでしょう。

⑥ アコモデーションシステムの園環境の事例

　韓国から入園したYちゃんは、入園した当初、日本語がしゃべれないので、遊んでいる子のおもちゃがほしくなると、奪おうとしてケンカになり、友だちや先生から嫌われ、そのためのセルフケアの機能も低下し、元気のない不安な日々を送っていました。ところがあるとき、日本の友だちから「おもちゃがほしいときは『かして！』と言うといいよ」と教えられたことから、「いいよ」と貸してくれる友だちも増え、「貸してもらってよかったね」とYちゃんに共感する保育者も増え、Yちゃんのウェルビーイングの気持ちも徐々に向上していったということです。

　のちにYちゃんのウェルビーイングが最高に達する機会がやってきます。それはT園の秋の運動会の準備、万国旗づくりの時でした。韓国の旗を作るのが得意なのを見ていた友だちから、「教えて教えて」とせがまれ、教えてあげると多くの友だちから「ありがとう」と感謝され、Yちゃんは大満足。運動会当日、韓国、日本、アメリカ三国の「万国旗」で秋晴れの空を飾りました。

　子どもたちの参画に寄りそったアコモデーションシステムの園環境の良い事例として注目したいと思います。

⑦ 地球市民育成の乳幼児の参画とファシリテーターとしての保育者の役割、乳幼児の意向に寄りそうアコモデーションシステム環境の事例

　ストックホルム市郊外のラングウィク就学前学校5〜6歳児の実践事例です。全員が関わって、3か月間恐竜について取り組んだ子どもたちは、「何が生きているの？」「生命はどこからくるの？」と次々と新たな疑問を投げかけました。その結果、子どもたちは、卵、鶏、生命に関心を持ち、「卵がどのようにして鶏になるのか？」「別の卵はどうして鶏にならないのか？」などの疑問を出しました。これらの疑問を解くために、近くの農家に行きビデオで録画することを思いつきます。各自が紙で実物大の雌鶏を作る頃には、このプロジェクトは子どもたち全員の関心をしっかりととらえていました。鶏のケージがとても小さくてがっかりした子どもたちは、算数の助けを借りて、エコロジカルな方法とそうでない方法の場合、さらにケージの中で過ごすのか外に自由に行くことができるのか、など雌鶏の生活条件についても話し合いました。就学前学校の調理員さんにどんな卵を使っているか質問したところ、ケージの雌鶏の卵であることを知って愕然とした子どもたちは、自

治体の事務所、教育と財政の責任者や地元の卵生産組合等を巻き込んで、政治的なプロセスをスタートさせ、見事に成功を収めます。それまでのルーティーンを変え、この就学前学校だけでなく、保育者や子どもたちの家族や関係者も、ケージの外で快適に生活する雌鶏が生んだ卵に変えるという成果をもたらしました。

この事例はESDの3つの柱「自然環境、社会文化環境、経済環境」をカバーしており、子どもたちが自ら参画してその目的を実現させた、まさに地球市民的行動を伴った好事例として高く評価したいと思います。また、子どもたちの主体的な参画を手助けした保育者、農家の方々、自治体、就学前学校の関係者などの、協働学習者としてのファシリテーターの連帯があったことに特に注目したい。

⑧ 結びにかえて

乳幼児が、遊びや園の活動、SDGsやESDに主体的に活発に参画できるようにするには、乳幼児一人ひとりの表明権、傾聴権を参画権とともに保障すること、自己成長権や被包括権や子どもの権利条約の諸権利をも保障、支援でき、乳幼児一人ひとりの最善の利益（ウェルビーイング）を目指す保育者、教師の本物のファシリテーティングの日々の体験を可能とする、乳幼児主体の意向に寄りそったアコモデーション・システムの環境づくりを進めること、それが地球市民育成の根本的な課題といえます。

乳幼児の参画で検討すべき課題としては、コロナ禍で悪化した虫、動物、鳥、植物、花、樹木などの自然のいのちとのふれあい、恵みへ感謝、美しさ、怖さ、センスオブワンダーなどの減少、喪失があげられます。リチャード・ルーダは、自然の中での子どもを「絶滅危惧種」と警告を発しています。ミミズやダンゴムシがいたり、木の実を食べに野鳥が飛来したり、秋にはブルーベリーの実が自然に食べられたり、ジャスミンの花が咲いたりする自然豊かな園環境、子どもたちが自由にふれられる雑草園など、乳幼児が自分の好みで参画し、自然を享受できる空間を用意するなど、乳幼児が集まれる地域の居場所のありのままの自然環境のインフラを充実させ、乳幼児の参画を促進することが必要でしょう。

水に入れるのを足を縮めて拒否した乳幼児のK君が、太陽の光を受けた水がキラキラするのを見て、コップですくおうとしたらキラキラが消えた。でも、タライの中の水は相変わらずキラキラ光っている不思議さ（センスオブワンダー）にひかれて、あれほど嫌がっていた水の中に入ってキラキラを探し続けたこと、キラキラする自然の水こそ、K君が自分から進んで主体的に参画する意欲を導き出したといえます。居場所に自然のありのままの環境のインフラを用意することを期待しているのは、乳幼児が本来持っている「自然性」かもしれませんね。

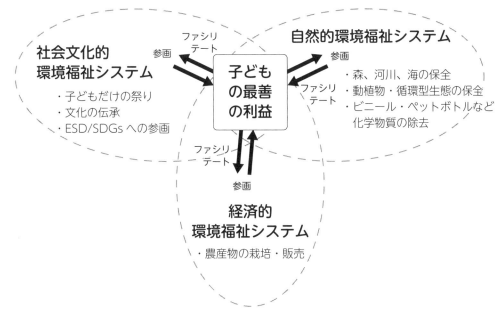

参考図　地球の3つの環境福祉システムと子どものESDへの参画

参考文献

・萩原元昭編『世界のESDと乳幼児期からの参画―ファシリテーターとしての保育者の役割を探る』北大路書房 (2020)

・萩原元昭『子どもの参画―参画型地域活動支援の方法』学文社 (2010)。

・萩原元昭『多文化保育論』学文社 (2008)

・明和政子『ヒトの発達の謎を解く』ちくま新書 (2019)

・『青少年育成支援読本』第2章、青少年の地域活動への参画 (萩原元昭)、内閣府 (2016)

・『子ども若者と共に』第3章、青少年の発達過程についての理解と育成課題 (萩原元昭)、全日本青少年育成アドバイザー連合会 (2018)

おわりに

　私がESD（持続可能な開発のための教育：Education for Sustainable Development）と出会ったのはOMEP（世界幼児教育・保育機構）日本委員会のメンバーとしてユネスコ（国際連合教育科学文化機関）の活動や取り組みに接する機会が多かったことがきっかけだったと思います。とくに、ESDへの関心が高まったのは千葉大学の教員時代でした。当時、私は文科省の研究助成のチャンスを得て「大自然・森の生命力」を最大限に保育に生かし、大人も子どもも自然の「命」の営みの中で「学び育つ」ことを教育理念として実践を重ねている森の幼稚園（札幌トモエ幼稚園）の教育について共同研究を行っていました。2010年の夏、スウェーデンのイエテボリ大学で世界OMEPの世界総会・大会が「ESD」の10周年を記念し開催されることを知り、トモエ幼稚園との共同研究はまさに「ESD」なのではと確信して大会での発表を決意しました。イエテボリ大学での発表は森の幼稚園のメッカの北欧において、札幌トモエ幼稚園の実践への共感と賛同のメッセージを沢山いただくことができました。このチャレンジは、私の人生でかけがえのない「研究テーマ」と「研究仲間」との出会いをもたらしてくれました。ESDは私のライフワークとなり、私を育て、仲間を育て、子どもたちを育て、研究を育ててくれました。

　スウェーデンで出会った仲間と、研究会を重ね、熱く語り合い、日本におけるESDを追求してきました。仲間との研究を進める中で、諸外国のESDの実態に触れ、知れば知るほど「日本の保育には既にESDは内包されている」という確信が持てました。

　新たな「研究の問い」と出会い、日本の保育をESDというフレームで再発見・再構成することが、日本におけるESDを明らかにし、それを継承しながら新たな創造に向かうことに繋がると考えました。そんな、熱い思いを抱いていた矢先でした。2011年3月、東日本大震災が関東以北の地域を、人を、経済を、保育を一瞬にして奪いました。日本の大きな危機を体験して、地域の復興とその地域における教育・保育を再生・創造することが神様からいただいた宿題なのではと強く思い、復興への第一歩としてESDの研究に踏み出しました。日本人にとって「地域」がかけがえのないものであり、古くから生活の基盤として大切にされてきた「里山」や「鎮守の森」の存在が実は心の拠り所だったこと。地域による違いや差はあれども、美しい海と山と森と林と流れる川に育まれ、それぞれの地域で命を繋いできたことに改めて気づかされました。

　このような経緯の中で『持続可能な社会をつくる日本の保育―乳幼児期におけるESD』（かもがわ出版、2018年）が生まれました。しかし、地球環境は刻一刻と悪化の一途を

たどっています。2015年から国際連合で新たな地球環境を守るための目標「SDGs」が示されるなかで、改めて「SDGs」の枠組みから保育の今後のあるべき姿を明らかにすべきではないかと考え、続編を企画することになりました。「本当に大切にしなければならないものは？」という問いを立て、子どもの命を繋ぐ「SDGs/ESD」として子どもの権利を守り育むための保育について丁寧に見つめていこうと考えました。

　本書を執筆するにあたり、これまでの仲間に加えて新しいメンバーも加わり、SDGsという2030年まで掲げられている持続可能な地球を創る活動と結びつけて「子供の命と権利」という根本的な最も重要な視点から新しいテーマに取り組んできました。

　本書は先ず、新しいフレームとして取り入れた「SDGs/ESD」をめぐる世界的な視野から本書全体に流れる理念を紹介するところから始めました。そして、その視点を積極的に取り入れて子どもたちと共に主体的に遊び、学び、生活するという生き生きとした保育実践を取り上げて「実践の中にこそ真実が有る」ことを確認しました。さらに、私たちの気づきの原点となった東日本大震災を取り上げその復興の中で見えてきた「子どもの命・権利」、近年起こった熊本地震でも取り組まれた保育の中から「子どもを保育を守り抜く」保育者たちの壮絶な姿を通してSDGs/ESDを考察しました。加えて、このような子どもの命・権利を守り育む取り組みは日本の保育実践の歴史の中にも確かにあり、その実践が有るからこそ今が有ると考え「遊戯教材」や「疎開保育」の中から確かな保育の歩みを振り返ることで現代に通じる道を模索いたしました。最後に、現代的な日本の深刻な課題である貧困や虐待、一方、バングラデシュという長い間貧困に苦しんできた国の取り組みも加えて、如何に子どもの命・権利を私たちが守り育めるのかを検討しました。最後SDGs/ESDの理念の中で最も大切にしている「地球市民」としての子どもたちの活動への参画の意義について紹介させていただきました。

　本書は今、私たちは何を守るべきなのかを問いながら保育を見つめてまいりました。皆様の保育・教育に、子育てに、生きることに本書がお役に立つことを願っています。

冨 田 久 枝

【筆者プロフィール】

藤崎亜由子（ふじさきあゆこ）第1章
　　奈良教育大学学校教育講座

藤井　修（ふじいおさむ）第2章
　　社会福祉法人京都保育センター理事長

島本一男（しまもとかずお）第3章
　　八王子市・諏訪保育園園長

亀山秀郎（かめやまひでお）第4章
　　尼崎市・認定こども園七松幼稚園園長

片山知子（かたやまともこ）第5章
　　相模原市・和泉保育園園長

吉津晶子（よしづまさこ）第6章
　　熊本学園大学社会福祉学部教授

名須川知子（なすかわともこ）はじめに／第7章
　　桃山学院教育大学人間教育学部人間教育学科教授

西脇二葉（にしわきふたば）第8章
　　こども教育宝泉大学こども教育学部幼児教育学科准教授

冨田久枝（とみたひさえ）第9章／おわりに
　　千葉大学グランドフェロー

山村けい子（やまむらけいこ）第10章
　　兵庫大学短期大学部准教授

萩原元昭（はぎわらもとあき）第11章
　　群馬大学名誉教授、フェリシアこども短期大学非常勤講師

保育に活かすSDGs/ESD─乳幼児の権利と参画のために

2023年7月10日　　第1刷発行

著　者　©藤崎亜由子・藤井修・島本一男・亀山秀郎
　　　　　片山知子・吉津晶子・名須川知子・西脇二葉
　　　　　冨田久枝・山村けい子・萩原元昭
発行者　竹村正治
発行所　株式会社 かもがわ出版
　　　　〒602-8119　京都市上京区堀川通出水西入ル
　　　　TEL 075(432)2868　FAX 075(432)2869
　　　　振替01010-5-12436
　　　　ホームページ http://www.kamogawa.co.jp
印刷所　シナノ書籍印刷株式会社

ISBN978-4-7803-1282-9 C0037　　　　　　　　　　　　©2023

保育・教育・育児に携わる大人には、いま何ができるのか

気候変動と子どもたち

懐かしい未来をつくる大人の役割

丸山　啓史●著

かもがわ出版・2700円＋税

こどもパワーでSDGsを達成しよう

こども気候変動アクション30

未来のためにできること

高橋　真樹●著

かもがわ出版・1600円＋税

遊びの過程は「様式化」と「脱様式」

あそびが語る保育と発達

遊びの原動力は好奇心と憧れ

河﨑　道夫●著

かもがわ出版・1600円＋税

ESDの視点で実践をとらえ未来へつなぐ

持続可能な社会をつくる日本の保育

乳幼児期におけるESD

冨田久枝・上垣内伸子・田爪宏二・吉川はる奈・
片山知子・西脇二葉・名須川知子●著

かもがわ出版・2000円＋税